INTRODUÇÃO À FILOSOFIA

aprendendo a pensar

Dados Internacionais de Catalogação na Publicação (CIP)
(Câmara Brasileira do Livro, SP, Brasil)

Luckesi, Cipriano C.
 Introdução à filosofia : aprendendo a pensar / Cipriano C. Luckesi, Elizete S. Passos. — 7. ed. — São Paulo : Cortez , 2012.

 Bibliografia.
 ISBN 978-85-249-1886-5

 1. Filosofia 2. Filosofia — Introduções I. Passos, Elizete S. II. Título.

12-01820 CDD-101

Índices para catálogo sistemático:

1. Filosofia : Introdução   101

Cipriano C. Luckesi
Elizete S. Passos

INTRODUÇÃO À FILOSOFIA

aprendendo a pensar

7ª edição
2ª reimpressão

INTRODUÇÃO À FILOSOFIA: aprendendo a pensar
Cipriano Carlos Luckesi/Elizete Silva Passos

Capa: Cia. de Desenho
Preparação de originais: Solange Martins
Revisão: Maria de Lourdes de Almeida
Composição: Linea Editora Ltda.
Coordenação editorial: Danilo A. Q. Morales

Nenhuma parte desta obra pode ser reproduzida ou duplicada sem autorização expressa dos autores e do editor.

© 1985 by Autores

Direitos para esta edição
CORTEZ EDITORA
Rua Monte Alegre, 1074 – Perdizes
05014-001 – São Paulo – SP
Tel.: (11) 3864-0111   Fax: (11) 3864-4290
e-mail: cortez@cortezeditora.com.br
www.cortezeditora.com.br

Impresso no Brasil – fevereiro de 2018

Aos meus filhos, Sandra, Márcio e Leonardo, com os quais tenho tido as mais variadas trocas, aprendendo os caminhos da existência.

Cipriano

Aos meus filhos, Daniel e Diogo, na perspectiva de que novos caminhos sejam abertos para o nosso processo de crescimento e maturidade.

Elizete

A tantos outros jovens, iguais aos nossos filhos, que estão desabrochando para a vida, como um convite à aprendizagem da reflexão filosófica e das trilhas da vida.

Cipriano e Elizete

Sumário

Prefácio à 7ª edição 9

Introdução 13

PRIMEIRA PARTE:
Sobre o conhecimento

Capítulo 1 O conhecimento: significado, processo
e apropriação 17

Capítulo 2 Níveis do conhecimento e seus significados 35

Capítulo 3 Conhecimento e verdade 53

SEGUNDA PARTE:
Sobre o conhecimento filosófico

Capítulo 4 Filosofia: elucidações conceituais 69

Capítulo 5 Origem e formação das ideias filosóficas:
questões metodológicas e históricas 85

Capítulo 6 Caminhos históricos do filosofar: idades antiga e média — as questões do ser, conhecer e agir 103

Capítulo 7 Caminhos históricos do filosofar: Idade Moderna — o problema do conhecimento e da organização social... 161

Capítulo 8 Caminhos históricos do filosofar: Idade Contemporânea — a multiplicidade de problemas emergentes....... 187

Capítulo 9 O nosso exercício brasileiro do filosofar 215

Bibliografia geral 235

Prefácio à 7ª edição

O presente livro foi publicado pela primeira vez em 1995. De lá até os dias de hoje (2011) passaram-se dezesseis anos. Muitas experiências humanas novas marcaram esse período, porém o tratamento que os autores deram, nesta obra, à "iniciação na aprendizagem do filosofar" continua atualizado, à medida que nela privilegiamos mais a questão metodológica do exercício do filosofar do que informações sobre correntes e autores do pensamento filosófico mundial. Certamente não deixamos esse campo passar em branco, pois, no livro, ainda que de forma restrita, existe uma parte dedicada à história do pensamento filosófico, abordada pela periodização mais comum entre nós: antiga, média, moderna e contemporânea. Também nessa parte, tivemos a intenção de que a exposição e a apropriação dos entendimentos básicos dos pensadores, histórica e geograficamente situados, fossem recursos a serem utilizados no exercício do filosofar cotidiano de cada leitor ou estudioso dos capítulos deste livro.

De fato, mais do que saber "filosofia" — o que disseram os pensadores do passado e do presente —, importa saber pensar a vida individual e coletiva como recurso para guiança de nossas vidas no dia a dia. Afinal, foi isso que fizeram todos os nossos antecessores nessa área de conhecimentos.

A filosofia é um modo de pensar, compreender e estabelecer um guia prático para a vida. Sendo teórica, à medida que procura encontrar os fundamentos para tudo o que existe e para tudo o que acontece, ela é um conhecimento extremamente prático, que nasce da prática e a ela retorna, tendo em vista imprimir-lhe uma direção. Foi por exigência da própria realidade prática da vida que o ser humano iniciou a sua busca para encontrar uma compreensão para ela que lhe desse sentido do seu estar no mundo e do seu agir. A filosofia, então, nasceu da demanda prática de encontrar um significado para a existência, assim como para dar-lhe uma direção. Nesse contexto, é possível compreender por que seres humanos individuais (os filósofos), grupos humanos (representados por seus pensadores), épocas históricas (representadas pelas correntes de pensamento) foram, nos mais variados rincões espaciais e ao longo do tempo, estabelecendo sistemas de pensamento, uns mais abrangentes, outros menos, contudo, sempre propiciando guias para a ação.

Cada indivíduo, cada grupo humano, cada povo, em cada época histórica, busca compreensões que deem sentido para suas vidas e para o seu agir. Não há ser humano — individual ou coletivamente — que, de algum modo e em algum nível, não faça uso da filosofia. E, nesse contexto, "todos são filósofos", nos lembra o pensador italiano Antonio Gramsci, "porque todos pensam".

Todavia, importa ter consciência de que existe uma filosofia do cotidiano, do senso comum, que tem suas bases na experiência direta e imediata do dia a dia e que a todos pertence; mas, também existe uma filosofia crítica, exigente do ponto de vista metodológico, que busca entendimentos e significações consistentes para a vida, seja ela imediatamente cotidiana, seja ela a sustentadora de projetos de ação de longo prazo. Uma coisa é pensar como cada um vai agir agora; outra coisa, bem diferente, é pensar como é necessário agir hoje para que, ao longo de um tempo, resultados desejados sejam constituídos.

Do ponto de vista crítico, os filósofos pensam sistematizando os anseios de um grupo humano, de um povo ou de uma época histórica, ao passo que, no dia a dia, pensamos como vamos agir de um modo coerente com os valores que assumimos para guiar nossas vidas.

Desse modo, filósofos, em sentido lato, somos todos nós em nosso cotidiano; e, em sentido estrito, crítico, filósofos são seres humanos que assumiram para si a tarefa de pensar por um grupo, um povo ou uma época histórica, sistematizando anseios vigentes, assim como anseios emergentes, que, no momento, iniciam a se despontar e que, um dia, poderão ter sua vigência estabelecida.

Assim, o ato de filosofar pertence a todos, ainda que em níveis diversos de abrangência e significação. Cada um de nós pensa por si, mas Sócrates, Platão e Aristóteles, para lembrar um trio de pensadores da antiguidade, pensaram pela humanidade; Thomas de Aquino, na Idade Média, acreditou pensar e pensou por todos nós, concordando ou não com suas compreensões; o mesmo ocorre com Descartes, Newton, Kant e Hegel, entre outros, na modernidade; e, de forma semelhante, com Marx, Engels, Darwin, Freud, Keirkegaard, Heidegger, Buber, Marcel, Einstein, entre outros, na contemporaneidade. Nós, em nosso anonimato, no recôndito de nossas vidas, pensamos para nos guiar no cotidiano; os filósofos críticos, em suas expressões públicas e coletivas, pensaram e/ou pensam dando significação à vida num determinado período histórico, por isso estão comprometidos a sistematizar os anseios já presentes no seio da vida social ou emergentes, para uma vigência próxima futura.

Este livro foi escrito por nós, Elizete Silva Passos e Cipriano Carlos Luckesi — na época, professores do Departamento de Filosofia da Faculdade de Filosofia e Ciências Humanas da Universidade Federal da Bahia; hoje, por aposentadoria, ex-professores dessa instituição —, com a intenção de propiciar a estudantes de filosofia, assim como a outros interessados, uma iniciação ao exercício do filosofar, o que, de um lado, implicava e implica compreender o que é o conhecimento filosófico e suas manifestações nos diversos momentos do tempo e nos diversos espaços geográficos. Contudo, de outro lado, implicava e implica especialmente apropriar-se do modo metodológico do filosofar, tendo em vista tornar a filosofia um modo de conhecer útil e funcional no cotidiano, assentado no tripé de suas bases (1) ontológicas (busca dos fundamentos de tudo o que existe e acontece), (2) epistemológicas (estabelecimento de modos válidos do ato de conhecer) e (3) axiológicas (a respeito dos fundamentos das escolhas éticas, políticas, religiosas, familiares... — afinal, toda a área dos valores que guiam a vida).

Nesse caso, o exercício do filosofar exige o uso e a prática metodológica de inventariar, criticar e re-propor valores, tendo por base compreensões ontológicas, construídas pelo uso de recursos epistemológicos considerados válidos.

Neste livro, que ora chega à 7ª edição, o tratamento da iniciação ao filosofar, acima exposto, está apresentado em três partes: 1ª) "sobre o significado do conhecimento", nos capítulos 1, 2, e 3; 2ª) "sobre o exercício do filosofar e sobre a formação das ideias filosóficas", nos capítulos 4 e 5; 3ª) "sobre os caminhos históricos da filosofia no mundo ocidental e no Brasil", nos capítulos 6, 7, 8 e 9.

A cessação do nosso vínculo de trabalho com a UFBa abriu para nós, autores, novas oportunidades de continuarmos exercitando a reflexão filosófica, por meio da produção de conhecimento e do ensino da filosofia, de modo que podemos constatar a atualidade do conteúdo e a adequação da maneira como a filosofia é tratada nesta obra e como é apresentada aos iniciantes na área, estudantes institucionalizados ou não. O livro também tem sido considerado excelente material didático para os docentes, pela forma clara, simples e, ao mesmo tempo, consistente com que assuntos complexos são abordados.

Desse modo, acreditamos que o *Introdução à filosofia: aprendendo a pensar* continua tendo seu lugar na formação de jovens estudantes que iniciam suas trilhas pelos estudos universitários e na formação de leitores que possam estar instigados pelo desejo de compreender e usar a filosofia crítica como um recurso de sustentação de suas vidas pessoais, bem como dos grupos e do coletivo social dos quais participam.

Essas são as expectativas dos autores, que desejam a todos muito sucesso em suas vidas!

Salvador, Bahia, maio de 2011.

Elizete Silva Passos
Cipriano Carlos Luckesi

Introdução

O presente livro pretende introduzir o leitor na compreensão e na prática do exercício do filosofar.

A primeira parte aborda a questão do conhecimento, desde as elucidações conceituais, passando pelo seu significado individual e social, até a questão da construção da verdade. A segunda parte trata do conhecimento filosófico, abordando o que se entende por filosofia, seus recursos metodológicos, e suas perspectivas históricas de tratamento, e concluindo por uma colocação sobre o exercício do filosofar no Brasil.

A direção seguida na produção e organização dos textos vai do simples para o complexo. Didaticamente, os autores pensam que a primeira parte serve de suporte para a segunda. Acreditam que, para discutir o conhecimento filosófico, vale a pena iniciar por uma compreensão do fenômeno do conhecimento, genericamente compreendido, dentro do qual se situam várias formas de conhecimentos específicos, entre os quais está o conhecimento filosófico. Daí o conteúdo da primeira parte tratar do conhecimento. A partir dessa base, desenvolve-se a segunda parte do livro, que aborda o conhecimento filosófico propriamente dito, temática central desta obra.

Com o tratamento metodológico e os conteúdos anteriormente indicados, os autores deste livro esperam estar oferecendo aos iniciantes em Filosofia um instrumental de estudo e de compreensão filosófica do mundo, que lhes possibilite descortinar múltiplas outras perspectivas de entendimentos e de aprofundamentos teóricos e práticos sobre o seu existir individual e coletivo.

Desejamos, com este trabalho, contribuir para que jovens secundaristas e recém-ingressos na universidade adquiram recursos teórico-metodológicos que lhes permitam iniciar-se em um esforço de apreender filosoficamente o universo material e cultural no qual vivem e sobrevivem.

Nossa intenção é colocar o exercício do filosofar nas mãos dos nossos estudantes, por meio de uma compreensão simples, mas consistente, do sentido e significado da filosofia, assim como de sua trajetória no tempo e no espaço.

Este livro teve uma primeira versão publicada pelo Centro Editorial e Didático da Universidade Federal da Bahia, no ano de 1992. Para a 6ª edição foram feitas algumas modificações que merecem ser registradas: a terceira parte que abordava "Alguns temas de tratamento da filosofia" foi suprimida; o capítulo III — "Articulação histórica entre conhecimento e sociedade" foi substituído pelo atual capítulo 3 — "Conhecimento e verdade"; o capítulo VI — "Caminhos históricos do filosofar" foi substituído pelos atuais capítulos 6 — "Caminhos históricos do filosofar: idade antiga e média — as questões do ser, conhecer e agir", 7 — "Caminhos históricos do filosofar: idade moderna — o problema do conhecimento e da organização social", 8 — "Caminhos históricos do filosofar. Idade contemporânea — a multiplicidade de problemas emergentes". O capítulo VII — "O nosso exercício brasileiro do filosofar" passou a ser o atual capítulo 9. Os outros capítulos passaram por uma rigorosa revisão de conceitos e termos.

PRIMEIRA PARTE:

Sobre o conhecimento

Capítulo I

O conhecimento: significado, processo e apropriação

No cotidiano, o conhecimento parece ser alguma coisa tão corriqueira que nós não nos perguntamos pelo que ele é, pelo seu processo, pela sua origem, pela sua forma de apropriação. Aos poucos, ao longo de nossa infância, adolescência, juventude, vamos adquirindo entendimentos das coisas que compõem o mundo que nos cerca, das relações com as pessoas, das normas morais e sociais que regem as relações entre os seres humanos. Nós, por isso, nos acostumamos a esses entendimentos, a partir do momento em que fomos adquirindo-os espontaneamente. Com eles e a partir deles, conversamos, discutimos, temos certezas e dúvidas, formulamos juízos. Contudo, quase nunca, exceção feita aos especialistas, nos perguntamos sobre o que é o conhecimento, seu significado, origem. Habituamo-nos a utilizar o entendimento, por isso não o problematizamos.

Aqui, ao introduzirmo-nos no âmbito da filosofia como uma forma de conhecimento, bem cabem tais perguntas. Não podemos, de forma alguma, adentrar no seio da reflexão filosófica, que é uma reflexão crítica, sem nos questionarmos sobre esses elementos. Se a filosofia é uma forma de conhecimento, como veremos à frente, cabe, em primeiro lugar, saber consciente e criticamente o que ele é. É este o objetivo deste texto.

Vamos tentar estabelecer uma forma de entendimento sobre o conhecimento que abranja os elementos acima indicados. Começamos pelo seu conceito, passando, sucessivamente, por seu processo, sua origem, até chegar à questão de sua apropriação.

1. Uma aproximação conceitual do conhecimento

A pergunta para a qual vamos tentar dar uma resposta é: o que é o conhecimento?

Toda vez que perguntamos a alguém o que ele entende por conhecimento, a primeira resposta que normalmente recebemos é a seguinte: "conhecimento é aquilo que aprendemos nos livros"; ou então: "conhecimento é aquilo que aprendemos com nossos professores, com nossos pais".

De fato, essa resposta não está de todo inadequada, pois que, certamente, adquirimos conhecimentos com nossos professores e nos livros que lemos e estudamos. Contudo, ela é insatisfatória na medida em que nos diz *de onde* adquirimos conhecimento, mas não informa sobre *o que é* conhecimento. Para encontrarmos uma resposta para a pergunta que colocamos, temos de dar atenção ao segundo aspecto e não ao primeiro, ou seja, *o que é* e não *onde* adquirimos o conhecimento.

Assim sendo, a questão formulada está a merecer uma resposta. Há que se buscar uma resposta que esclareça o sentido essencial do conhecimento.

Por vezes, ouvimos dizer que o *conhecimento é a elucidação da realidade.*[1] Essa afirmação parece ser correta, pois, ainda que de forma sintética, expressa o sentido correto do conhecimento. Vamos fazer algumas explicitações.

Em primeiro lugar, podemos nos ater ao sentido *etimológico* da palavra "elucidação", que é significativa para a compreensão da afirmativa feita.

---

1. Sobre isso, cf. Luckesi, Cipriano C. et al. *Fazer universidade*: uma proposta metodológica. São Paulo: Cortez, 1984. p. 47-60.

A palavra *elucidar* tem sua origem no latim. Ela é composta pelo prefixo reforçativo "e" e pelo verbo "lucere", que quer dizer "trazer à luz". Então, elucidar, do ponto de vista de sua origem vocabular, significa "trazer à luz muito fortemente", "iluminar com intensidade". Deste modo, conhecer, entendido como elucidar a realidade, quer dizer uma forma de "iluminar", de "trazer à luz" a realidade.

Mas, que luz é essa? Com certeza, não é a *luz física*, que ilumina e clareia os contornos externos dos objetos. A *luz do elucidar* tem a ver com incidência da "luz da inteligência" sobre a realidade; tem a ver com *inteligibilidade*. O conhecimento, como elucidação da realidade, é a forma de tornar a realidade inteligível, transparente, clara, cristalina. É o meio pelo qual se descobre a essência das coisas que se manifesta por meio de suas aparências.

Assim sendo, enquanto a *realidade*, por meio de suas manifestações aparentes, manifestar-se-ia como misteriosa, impenetrável, opaca, oferecendo resistências ao seu desvendamento (desvendar/des-vendar = tirar a venda) por parte do ser humano, a *elucidação* seria a sua iluminação, a sua compreensão, o seu desvelamento (desvelar/des-velar = tirar o véu). O ato de conhecer, pois, como ato de elucidar, é o esforço de enfrentar o desafio da realidade, buscando-lhe o sentido, a verdade. Essa realidade tanto pode ser um único objeto, como pode ser uma rede deles formando um todo, mesmo porque nenhum objeto se dá isolado. O que importa, para o conhecimento, é tornar essa realidade compreendida, clara, iluminada.

No que se refere ao conhecimento, há quatro elementos a serem destacados: um *sujeito* que conhece; um *objeto* que é conhecido; um *ato de conhecer*, e, finalmente, um *resultado*, que é a compreensão da realidade ou o conhecimento propriamente dito (a explicação produzida e exposta, tornada disponível às pessoas).

O *sujeito*, no caso que nos interessa aqui, é o ser humano que construiu a faculdade da inteligibilidade, construiu um interior capaz de apropriar-se simbólica e representativamente do exterior, conseguindo, inclusive, operar de forma abstrata com seus símbolos e representações. O *objeto* é o mundo exterior ao sujeito, que é representado em seu pensamento a partir da manipulação que executa com eles. Os conceitos não nascem de dentro do sujeito, mais sim da apropriação adequada que ele faz do exterior. Deste modo, a iluminação da realidade não é um ato exclusivo do sujeito, mas um ato que se processa dialeticamente *com* e *a partir* da realidade exterior. O sujeito ilumina a realidade com sua inteligência, mas a partir dos fragmentos de "luz", dos sinais que a própria realidade lhe oferece. O sujeito, no nível da teoria, *explica* um objeto, não porque ele voluntariamente queira que a explicação seja esta e não outra, mas sim porque os fragmentos da realidade com os quais ele trabalha lhe oferecem uma lógica de compreensão, lhe permitem *descobrir* uma inteligibilidade entre eles, formando, assim, um conceito que nada mais é do que a expressão pensada de um objeto.

Além do sujeito e do objeto, no conhecimento, há o *ato de conhecer* e o *resultado desse ato*. O ato de conhecer é o processo de interação que o sujeito efetua com o objeto, de tal forma que, por recursos variados, vai tentando captar do objeto a sua lógica, a possibilidade de expressá-lo conceitualmente. Então, o sujeito interage com o objeto para descobrir-lhe, teoricamente, a *forma de ser*. Por último, o resultado do ato de conhecer é o *conceito* produzido, o conhecimento propriamente dito, a explicação ou a compreensão estabelecidas, que podem ser expostas e comunicadas. Enquanto o ato de conhecer exige análise dos elementos, dos fragmentos da realidade, enquanto o ato de conhecer é *analítico*, o conhecimento (a explicação) é *sintético*. A exposição da explicação obtida não necessita reproduzir, passo por passo, todos os fragmentos do processo de investigação, basta apresentar a lógica central dos dados da realidade que sustentam o conceito formulado.[2]

Em síntese, o conhecimento é a compreensão/explicação sintética produzida pelo sujeito por meio de um esforço metodológico de

---

2. Sobre isso, cf. Marx, Karl. Prefácios. In: Marx, Karl, *O capital*. Rio de Janeiro: Civilização Brasileira, 1970. Idem. *A mercadoria*, Livro 1, v. 1, p. 41-93. Assim como vale a leitura do texto "Método da economia política". In: Marx, Karl. *Contribuição à crítica da economia política*. São Paulo: Martins Fontes, 1977. p. 218-26.

análise dos elementos da realidade, desvendando a sua lógica, tornando-a inteligível.

Se retornarmos agora à resposta, mais ou menos ingênua, que as pessoas dão espontaneamente à pergunta "o que é conhecimento?", veremos que ela não é, de todo, despropositada. Quando se diz que conhecimento é aquilo que adquirimos nos livros, significa que nos apropriamos *dos resultados do processo do conhecer*, nos apropriamos da explicação pronta e elaborada. No livro, na exposição, está a elucidação da realidade obtida por alguém e da qual nós também nos apropriamos. Adquirir conhecimento é adquirir uma compreensão da própria realidade. O que ocorre com a aquisição de conhecimentos a partir dos livros, especialmente na experiência escolar, é que ela tem sido normalmente um processo de *decorar informações*, sem torná-las uma compreensão efetiva da realidade. Saber de cor uma determinada quantidade de informações não significa que se tenha uma determinada compreensão do mundo objetivo.

Por isso, aquela primeira resposta, em parte, é verdadeira e, em parte, não. Verdadeira, na medida em que aquilo que está exposto, em princípio, é resultado de um ato de conhecer, um conceito formulado; falsa, na medida em que *reter* informações, pelo processo de memorização, não significa conhecimento, pois que este implica essencialmente compreensão, o que vai além da pura memorização. Além, evidentemente, de que o exposto pode conter uma informação enganosa sobre o real.

Em síntese, o conhecimento, como elucidação da realidade, decorre de um esforço de investigação, de um esforço para descobrir aquilo que está oculto, que não está compreendido ainda. Só depois de compreendido em seu modo de ser é que um objeto pode ser considerado conhecido.

2. O processo de produção do conhecimento

O conceito explicativo da realidade nunca está pronto; ele é uma construção que o sujeito faz a partir da lógica que encontra nos fragmentos da realidade. Para tanto, utiliza-se de recursos metodológicos, de meios e processos de investigação. Ele se constrói por meio de longa busca, por meio de esforço de desvendamento. A elucidação do mundo exterior exige imaginação investida, busca disciplinada e metodológica, tendo em vista captar os meandros do real.

Ao se deparar com um desafio, o sujeito do conhecimento passa ao esforço de elucidá-lo. Ele trabalha para desvendar a trama de relações que constitui a realidade.

Para conseguir isso, começa por produzir respostas (hipóteses) decorrentes dos esclarecimentos que já possui, adquiridos pela experiência pessoal ou de estudos com outras pessoas ou com os livros. Caso essas respostas não satisfaçam, importa inventar outras explicações, até que se encontra aquela que seja satisfatória. Só após verificar a veracidade de sua hipótese é que o cientista expõe suas certezas.

Mas, como saber qual é a resposta satisfatória se a realidade não se expressa? Somente *parece* que a realidade não se expressa. Grifamos o *"parece"* porque *somente* parece que a realidade não se expressa. De fato, ela sempre se *manifesta*; então, torna-se necessário saber entender a sua expressão. É preciso saber "lê-la" para se entender o que ela diz. É preciso ser "alfabetizado" na aprendizagem do desvendamento da realidade para poder entendê-la. Daí a necessidade que o sujeito do conhecimento tem de se utilizar de *recursos metodológicos* para fazer a realidade "dizer" o que ela é. O investigador necessita utilizar-se de "rodeios metodológicos", por meio dos quais capta o possível verdadeiro sentido da realidade.

Diante do desafio, o sujeito do conhecimento formula respostas plausíveis e procura ver nas manifestações da realidade se a resposta que formulou é adequada ou não. Por vezes, essa resposta é encontrada e confirmada rapidamente e outras vezes exige anos de trabalho.

Para ilustrar esse processo, vamos lembrar dois casos de pesquisa, um no âmbito da investigação das ciências da saúde e outro no âmbito da investigação das ciências sociais. O primeiro refere-se à descoberta da *febre puerperal* pelo médico suíço Iguaz Semelweiss,[3] e o outro exemplo refere-se à construção do conceito de *governo bonapartista*, produzida por Karl Marx, na sua obra *O dezoito brumário de Luiz Bonaparte*.[4]

Em primeiro lugar, vamos ao exemplo de Semelweiss. Entre 1844 e 1848, ele se deparou com uma situação desafiadora e, após muito trabalho, encontrou sua explicação, seu desvelamento. Para apresentar este exemplo, vamos nos utilizar do relato-síntese de sua descoberta, que se encontra no livro *Filosofia da ciência natural*, de Carl G. Hempel.

A citação que se segue é um tanto longa, mas necessária para se poder apreender o caminho de um processo de pesquisa no seu todo, da situação problemática ao seu desvelamento.

A situação de investigação relatada deu-se no Hospital Geral de Viena, que possui dois serviços de maternidade.

> No Primeiro Serviço da Maternidade desse Hospital, em 1844, das 3.157 mulheres internadas para os procedimentos do parto, 260 (ou seja, 8% delas) morriam de febre puerperal (doença infecciosa que pode atacar as mulheres após o parto). Em 1845, esse percentual foi de 6% e, em 1846, ele chegou a 11,4%. Esse nível de mortalidade tornava-se mais alarmante com a constatação de que os índices de mortalidade, pela mesma doença, no Segundo Serviço de Maternidade do Hospital, eram bem menores. No caso, 2,3% para 1844; 2,9% para 1845 e 2,7% para 1846.
>
> Aí estava o desafio para Semelweiss. Aí estava a realidade, o aspecto oculto da realidade que ele desconhecia: o que causa nível tão alto de mortalidade nas parturientes do Primeiro Serviço, que não atinge as gestantes do Segundo Serviço?
>
> Atormentado pelo terrível problema, Semelweiss esforçou-se para resolvê-lo seguindo um caminho que ele mesmo veio a descrever mais tarde em livro que escreveu sobre a causa e a prevenção da febre puerperal.

---

3. Cf. Hempel, Carl G. *Filosofia da ciência natural*. Rio de Janeiro: Zahar, 1974. p. 13-6.
4. Cf. Marx, Karl. *O dezoito brumário de Luís Bonaparte* e *Cartas a Kugelman*. Rio de Janeiro: Paz e Terra, 1974.

Começou considerando várias explicações então em voga; algumas rejeitou logo por serem incompatíveis com fatos bem estabelecidos; outras, passou a submeter a verificações específicas.

Uma ideia amplamente aceita na época atribuía as devastações da febre puerperal a "influências epidêmicas", vagamente descritas como mudanças "cósmico-atmosféricas" espalhando-se sobre bairros inteiros e causando febre nas mulheres internadas. Mas, raciocina Semelweiss, como poderiam tais influências afetar o Primeiro Serviço durante anos e poupar o Segundo? E como poderia conciliar-se essa ideia com o fato de estar a febre grassando no Hospital sem que praticamente ocorresse outro caso na cidade de Viena ou em seus arredores? Uma epidemia genuína, como é a cólera, não poderia ser tão seletiva. Finalmente, Semelweiss nota que algumas das mulheres admitidas no Primeiro Serviço, residindo longe do hospital, vencidas pelo trabalho de parto ainda em caminho, tinham dado à luz em plena rua; pois, a despeito dessas condições desfavoráveis, a taxa de morte por febre puerperal entre esses casos de "parto de rua" era menor que a média no Primeiro Serviço.

Segundo outra opinião, a causa da mortalidade no Primeiro Serviço era o excesso de gente. Mas Semelweiss observa que esse excesso era ainda maior no Segundo Serviço, o que em parte se explicava como resultado dos esforços desesperados das pacientes para evitar o Primeiro Serviço, já mal-afamado. Ele rejeita também duas conjeturas semelhantes, então correntes, observando que não havia diferença entre os dois Serviços quanto à dieta e ao cuidado geral com as pacientes.

Em 1846, uma comissão nomeada para investigar o assunto atribuía a predominância da doença no Primeiro Serviço a danos causados pelo exame grosseiro feito pelos estudantes de Medicina, que recebiam seu treino em obstetrícia apenas no Primeiro Serviço. Semelweiss observa, refutando esta opinião, que: a) os danos resultantes naturalmente do processo de parto são muito mais extensos que os que poderiam ser causados por um problema grosseiro; b) as parteiras que recebiam seu treino no Segundo Serviço examinavam suas pacientes quase do mesmo modo, mas sem os mesmos efeitos nocivos; c) quando, em consequência do relatório da comissão, o número dos estudantes de Medicina ficou diminuído à metade e os seus exames nas mulheres foram reduzidos ao mínimo, a mortalidade, depois de breve declínio, elevou-se a níveis ainda mais altos do que antes.

Várias explicações psicológicas tinham sido tentadas. Uma delas lembrava que o Primeiro Serviço estava disposto de tal modo que um padre, levando o último sacramento a uma moribunda, tinha que passar por cinco enfermarias antes de alcançar o quarto da doente: o aparecimento do padre, precedido por um auxiliar soando uma campainha, produziria um efeito aterrador e debilitante nas pacientes dessas enfermarias e as transformava em vítimas prováveis da febre. No Segundo Serviço, não havia esse fator prejudicial porque o padre tinha acesso direto ao quarto da doente. Para verificar esta conjetura, Semelweiss convenceu o padre a tomar um outro caminho e não soar a campainha, chegando ao quarto da doente silenciosamente e sem ser observado. Mas a mortalidade no Primeiro Serviço não diminuiu.

Observaram, ainda, a Semelweiss, que no Primeiro Serviço as mulheres, no parto, ficavam deitadas de costas e, no Segundo Serviço, de lado. Mesmo achando a ideia inverossímil, decidiu, "como um náufrago se agarra a uma palha", verificar se a diferença de posição poderia ser significante. Introduzindo o uso da posição lateral no Primeiro Serviço, a mortalidade não se alterou. Finalmente, no começo de 1847, um acidente deu a Semelweiss a chave decisiva para a solução do problema. Um colega, Kolletschka, feriu-se no dedo com o bisturi de um estudante que realizava uma autópsia e morreu depois de uma agonia em que se revelaram os sintomas observados nas vítimas da febre puerperal.

Apesar de nessa época não estar ainda reconhecido o papel desempenhado nas infecções pelos micro-organismos, Semelweiss compreendeu que "a matéria cadavérica", introduzida na corrente sanguínea de Kolletschka pelo bisturi é que causara a doença fatal do seu colega. As semelhanças entre o curso da doença de Kolletschka e o das mulheres em sua clínica levaram Semelweiss à conclusão de que suas pacientes morreram da mesma espécie de envenenamento do sangue: ele, seus colegas e os estudantes tinham sido o veículo do material infeccioso, pois vinham às enfermarias logo após realizarem dissecações na sala de autópsia e examinavam as mulheres em trabalho de parto depois de lavarem as mãos apenas superficialmente, muitas vezes retendo o cheiro nauseante.

Novamente, Semelweiss submeteu sua ideia a um teste. Raciocinou que, se estivesse certo, então a febre puerperal poderia ser prevenida pela destruição química do material infeccioso aderido às mãos. Ordenou, então, que todos os estudantes lavassem suas mãos numa solução de cal clorada antes de procederem a qualquer exame. A mortalidade pela febre logo começou a decrescer, caindo, em 1848, a 1,27% no Primeiro Serviço, enquanto no Segundo era de 1,33%.

Justificando ainda mais suas ideias ou sua *hipótese*, como também diremos, Semelweiss observou que ela explicava o fato de ser a mortalidade do Segundo Serviço mais baixa: lá, as pacientes eram socorridas por parteiras cujo treino não incluía instrução anatômica por dissecação dos cadáveres.

E a hipótese também explicava a menor mortalidade entre os casos de "parto de rua", pois as mulheres que já chegavam trazendo seus bebês ao colo raramente eram examinadas após a admissão e tinham, assim, melhor sorte de escapar à infecção.

Finalmente, a hipótese explicava o fato de serem vítimas de febre os recém-nascidos cujas mães tinham contraído a doença durante o trabalho de parto, pois então a infecção podia ser transmitida à criança antes do nascimento, através da corrente sanguínea comum à mãe e ao filho, o que era impossível quando a mãe permanecera sadia.

A citação foi longa, porém cremos que suficientemente clara para demonstrar o processo do conhecimento, o processo pelo qual o sujeito vai construindo a explicação para a realidade desafiadora que tem diante de si. Semelweiss, sujeito do conhecimento, tinha diante de si uma situação problemática, ainda sem inteligibilidade, opaca. O que ele fez? Trabalhou disciplinada e metodologicamente para construir sua compreensão e sua explicação. Observou a realidade, juntou fragmentos e sobre eles tentou articular relações teóricas (hipóteses); observou os fatos novamente; muitas vezes frustrou-se em suas possíveis explicações, até que atingiu o nível verdadeiro de compreensão da realidade. Conseguiu, pois, "iluminá-la", torná-la transparente. A realidade não é transparente por si, mas pode tornar-se por meio da investigação que constrói o conhecimento. Esse é um exemplo experimental, ou quase experimental, de investigação.

Um segundo exemplo que vamos lembrar é a construção do conceito de "governo bonapartista" ou o "bonapartismo", realizado por Marx em sua obra *O dezoito brumário*. Marx conceitua o bonapartismo como a forma de governo que se dá no mundo burguês-capitalista, onde o Executivo tem predominância sobre o Legislativo, apoiado no exército como força de repressão, no clero, como força ideológica e no campesinato como força popular. Esse governo parece estar desvinculado da sociedade, autônomo sobre ela; no entanto, isso é só uma aparência, desde que está a serviço do segmento dominante.

De onde Marx retirou esse conceito de "governo bonapartista", que pode ser aplicado a muitos governos de hoje, inclusive na América Latina? Ele o inventou de sua imaginação? Não. Certamente que não. Essa "iluminação" da realidade política da sociedade burguesa-capitalista, ele a construiu a partir do estudo sistemático e disciplinado dos acontecimentos políticos que envolveram a França entre os anos de 1848 e 1852.

Em 1848, a Revolução de Fevereiro colocou o proletariado no poder ao lado de outros segmentos da sociedade. Em 1851, Luís Napoleão deu o golpe de Estado. Marx acompanha e estuda os acontecimentos políticos entre uma e outra data, desvendando a trama da luta de classe que subjazia ao processo político da sociedade francesa de então. Ele descreve e demonstra que, primeiro, o proletariado é eliminado da cena política. A seguir, o próprio parlamento da República Francesa é apagado por sucessivas eliminações dos representantes políticos dos diversos segmentos da sociedade: de início, os republicanos; depois, os sociais-democratas; e, por último, os próprios representantes da grande burguesia (o partido da ordem). Quem ficou no poder? Bonaparte, apoiado nos camponeses, na força do exército e na ideologia dos padres. O que foi que Marx fez? "Leu", por sob os fragmentos da realidade, um fio condutor dos acontecimentos que permitiu construir a explicação de uma forma de governo, que foi o bonapartismo. Forma de governo localizada na França de meados do século passado, porém, conceito generalizável para a compreensão de muitos outros governos modernos e contemporâneos. Bismark, na Alemanha, foi um bonapartista; os governos ditatoriais latino-americanos são bonapartistas; muitas das democracias ocidentais contemporâneas possuem traços bonapartistas.

Um e outro exemplo nos mostram que o conhecimento (o conceito explicativo da realidade) surge de um esforço metodológico de investigação. Ele se manifesta como uma forma de compreensão universal dos fatos e acontecimentos. Os dois exemplos citados são ilustrativos. É preciso submeter a realidade a um "estraçalhamento" analítico, para, a partir daí, descobrir a sua lógica e a sua inteligibilidade. Sob a mortalidade das mulheres, Semelweiss desvenda a "febre puerperal", e, sob o golpe de Estado de Luís Napoleão, Marx desvenda o "bonapartismo". A tarefa de todos nós está posta: sob a aparência dos fatos e dos fenômenos, descobrir a sua essência, o seu verdadeiro significado. Isto é, proceder à criação do conhecimento como elucidação da realidade. Nenhum dos dois investigadores retirou suas explicações do bolso das calças. Ambos detinham uma consulta prévia e ambos se debruçaram metodologicamente sobre os seus respectivos objetos de estudo.

Esse exercício metodológico, criativo, inventivo, interessante, não é espontâneo, simples e fácil. Ele exige disciplina e esforço. Lúcio Lombardo Radice em seu livro *Educazione della Mente*, nos diz o seguinte:

> O desenvolvimento intelectual, a aquisição de um patrimônio cultural sério e significativo requerem um esforço sistemático: constituem um *trabalho*. Qualquer trabalho sério, mesmo o que amamos, que escolhemos livremente e que por nada do mundo deixaríamos, possui diversas fases e exigências complexas. O trabalho não é uma sucessão ininterrupta de alegrias, conquistas, criações. A alegria, a conquista e a criação são o resultado de um esforço cotidiano, humilde, obscuro, *aborrecido*. Em qualquer trabalho... até no do poeta e no do cientista criador... existem problemas técnicos, a necessidade de dedicar muito tempo à aquisição de noções, de conhecimentos sistemáticos, do domínio sobre os instrumentos. Quer dizer: às *premissas* do trabalho propriamente criador. O domingo deve suceder aos demais dias da semana, as férias vêm depois de um longo ano de rotina. O belo poema nasce após pro-

longados e pacientes estudos linguísticos, literários, históricos. Os descobrimentos científicos resultam de uma investigação infatigável e tenaz, do aprendizado daquilo que outros fatigosamente construíram. O gênio que surge magicamente é um mito romântico deseducativo: os poetas ou cientistas geniais são, acima de tudo, infatigáveis trabalhadores.[5]

Portanto, a produção do conhecimento exige trabalho. Trabalho gratificante, mas trabalho! Há que se dedicar com esforço, atenção e disciplina metodológica para se chegar a resultados significativos. Os resultados do desenvolvimento dos segredos do mundo trazem ao investigador satisfação e prazer. Porém, como vimos nos exemplos, exige dedicação disciplinada por meio de uma proposta metodológica.

3. A questão da apropriação do conhecimento

Diariamente, de algum modo, nos apropriamos de novos conhecimentos, seja no nível do senso comum, seja no nível da ciência. Por isso, vale a pena abordar essa questão.

Entendemos, aqui, por apropriação do conhecimento, o modo pelo qual é possível ao sujeito humano tomar posse de um entendimento da realidade. Apropriação não significa uma retenção de informações, mas sim a compreensão do mundo exterior, utilizando-se das informações.

Assim sendo, entendemos que o sujeito se apropria do conhecimento de duas maneiras: a direta e a indireta. Essas duas modalidades de apropriação na prática são inseparáveis, porém didaticamente distintas.[6]

Diretamente, o sujeito se apropria cognitivamente da realidade que se dá a partir de *enfrentamento direto* entre sujeito do conhecimento

---

5. Radice, Lúcio L. *Educação e revolução*. Rio de Janeiro: Paz e Terra, 1964. p. 94.

6. Cf. Luckesi, Cipriano C. et al. O leitor, no ato de estudar a palavra escrita. In: *Fazer universidade*: uma proposta metodológica, op. cit., p. 134-43. Parte do texto aqui apresentado, sobre os dois tipos de conhecimento, encontra-se em Luckesi, Cipriano C., Os meios de comunicação na escola: utilização pedagógica e preparação para a cidadania. In: Klroling, Margarida. *Comunicação e educação*: caminhos cruzados. São Paulo: Loyola, 1986. p. 29-52.

e mundo exterior. O sujeito é desafiado por alguma coisa nova que se lhe apresenta e ele se esforça, metodicamente, para descobrir o seu sentido. Neste tipo de apropriação cognitiva da realidade, não há alguém ou algum meio que ensine ao sujeito o que a coisa é. Ele a desvenda.

A título de exemplos, poderíamos dizer que Thomas Edison se apropriou diretamente do modo de construção de uma lâmpada elétrica, visto que realizou inúmeros experimentos até chegar a um bem-sucedido. Poderíamos dizer que a apropriação da compreensão da causa da febre puerperal, que matava as mulheres no Primeiro Serviço de Maternidade no Hospital Geral de Viena, por Ignaz Semelweiss, foi direta. Podemos lembrar, ainda, o fato da descoberta da penicilina por Fleming. Ele se apropriou de um entendimento novo da realidade, conseguindo, inclusive, criar um modo técnico de agir em razão da sobrevivência de muitas pessoas. Poderíamos ainda, retomar a descoberta do bonapartismo por Marx. E tantos outros...

A apropriação direta do entendimento da realidade seria, então, a aquisição de uma compreensão da realidade que nasce do esforço de entendê-la a partir de seus próprios elementos e relações, seja a partir de uma intuição direta e imediata, seja a partir de longos esforços de testagem, como foi o caso da construção da lâmpada.

A *apropriação indireta* da realidade é a compreensão inteligível da mesma que fazemos por meio de um entendimento já produzido por outro. É a compreensão da realidade por meio do entendimento que outros tiveram e nos relataram através de algum veículo de comunicação, qualquer que seja ele: oral, escrito, pictórico, visual, auditivo etc. Ou seja, pela via indireta, a apropriação do conhecimento se dá por um mediador que nos diz que a realidade é assim, porque ele a interpretou assim e, para tanto, apresenta argumentos que devem nos convencer. É possível, mediado por uma comunicação, chegar a um entendimento da realidade, a um entendimento verdadeiro.

Essa segunda forma de apropriação do conhecimento é a mais utilizada na prática escolar, especialmente quando se usa o livro como mediador entre o sujeito cognoscente (educando) e a realidade. Indicar que *especialmente* o livro é o meio utilizado na escola, não tem por intenção privilegiá-lo. Apenas constatamos um fato que ocorre todo dia.

Através do texto, que no caso serve como "lente de interpretação" da realidade, o educando deveria apropriar-se de um entendimento dessa realidade, ainda que nem sempre o consiga, devido ater-se mais ao texto que à realidade que ele espelha.

O que importa, na apropriação direta ou indireta do conhecimento, é a compreensão da realidade, porque é ela que cada sujeito humano tem de enfrentar. Quanto mais competente for o entendimento do mundo, mais satisfatória será a ação do sujeito que o detém.

Na escola é que, pela hipertrofia do uso do modo indireto de apropriação do conhecimento, muitas vezes, o intermediário do conhecimento é transformado, mistificado, reificado como se fosse a própria realidade a ser entendida. Existem professores que selecionam textos extremamente difíceis de compreender. O texto passa a ser a dificuldade para o aluno, e não o mundo que o texto pretende expressar. O que importa conhecer não é o texto em si, mas a realidade que ele veicula, a menos, evidentemente, que se esteja estudando o texto como objeto de abordagem, como nos casos de literatura, língua nacional, estilística etc. Nesse caso, a realidade a ser compreendida é o próprio texto; o intermediário para esta situação seria o comentário analítico sobre o texto e suas qualidades ou fragilidades.

Com essa hipertrofia do meio, a realidade a ser compreendida fica totalmente obscurecida; o objeto do conhecimento fica supresso. O pensamento do educando, como manifestação do conhecimento apropriado, não será um pensamento sobre o objeto do conhecimento, mas sobre o *discurso* feito sobre o objeto. Disso decorre a chamada "razão ornamental", que nada mais é do que um possível discurso brilhante sobre alguma coisa que se conhece, mas que não traduz uma verdadeira compreensão sobre ela.

A razão ornamental assemelha-se ao "verbalismo", que nada mais é do que um belo discurso que efetivamente nada expressa da realidade. O verbalismo é uma articulação de palavras lançadas ao vento, sem qualquer amarra efetiva com o objeto ao qual deveria estar articulada.

Assim sendo, vale a pena o uso dos conhecimentos já acumulados pelo sujeito cognoscente? Claro que sim. Mais que isso: para a efetiva apropriação do conhecimento como entendimento da realidade, hoje, não há como fugir ao legado da humanidade. A apropriação do conhecimento acumulado, como forma de entendimento da realidade, é elemento fundamental para o avanço do conhecimento novo.

Em nossa civilização atual, não há como produzir conhecimento novo, no sentido de fazer avançar o legado da humanidade, sem que nos apropriemos dele. Roberto Gomes, falando a respeito do legado filosófico, diz que "é tão grave esquecer-se no passado quanto esquecer-se dele".

Em termos de conhecimento, ocorre a mesma coisa. Não se pode suprimir o legado cognitivo da humanidade; ele é o nosso lastro de "saber" e de "saber fazer". É a partir dele e de suas lacunas que temos de avançar. Semelweiss, Marx e todos os grandes pesquisadores utilizaram-se desse legado. Ele é necessário.

As apropriações diretas e indiretas do conhecimento estão profundamente inter-relacionadas e são impositivamente necessárias. Não há razão para desmerecer uma via e privilegiar a outra. Ambas as formas são necessárias ao sujeito para que ele elucide o mundo em que vive.

Cabe à escola, que se quer comprometida com a preparação do educando para a conquista da cidadania, possibilitar e criar condições para que o educando compreenda o mundo por meio dos conhecimentos e habilidades necessários. Essa compreensão oferecer-lhe-á meios para transformar a realidade em razão do bem-estar da sociedade.

O educando, apropriando-se, por meio da escola, do conhecimento como forma de compreensão da realidade, está se preparando não só para o enfrentamento dos desafios da natureza propriamente dita (parte do mundo), mas também para enfrentar as mazelas sociais que o envolvem. O educando estará se preparando para preencher os quadros de recursos que uma luta pela cidadania vai exigir e estará se preparando para reivindicar socialmente os seus direitos. O conhecimento que se transforma em consciência social é um instrumento básico na luta pela transformação.

Muitas vezes, os nossos educandos, além de não se apropriarem da realidade por meio dos processos de conhecimento, também não se apropriam dos meios pelos quais podem reivindicar os seus direitos. Certamente não será com o "espontaneísmo" na aprendizagem que conquistaremos a compreensão da realidade e faremos o avanço do conhecimento. Ao contrário, a apropriação do conhecimento, como instrumento de preparação para a conquista da cidadania, exigirá disciplina de aprendizagem, de estudo, de criação, seja no processo prioritariamente direto ou prioritariamente indireto de conhecer.

4. Conclusão

Após esse exercício de reflexão, podemos dizer que tomamos contato com três questões que envolvem a discussão do sentido do conhecimento. Estudamos o que ele é como iluminação da realidade, qual o seu processo de construção como resultado da interação do sujeito com o mundo exterior e os modos de sua apropriação como mecanismos de compreensão da realidade. Se bem compreendidos e assimilados esses elementos, temos um primeiro passo fundamental para avançarmos no aprofundamento da questão do conhecimento com o próximo capítulo, que tem por objetivo tratar dos tipos de conhecimento e respectivos significados para a vida humana.

Capítulo 2
Níveis do conhecimento e seus significados

No capítulo anterior, nos aproximamos do conceito de conhecimento, de seu processo de produção e dos modos de sua apropriação. Agora, cabe perguntarmos se os resultados obtidos com o processo de conhecer sempre têm o mesmo nível qualitativo. Assim, nos perguntamos pelo significado desses níveis para a vida humana individual, social e política. Em síntese, perguntamos: toda e qualquer explicação da realidade tem a mesma validade? Se não tem, quais são os níveis de explicação existentes e quais os seus respectivos significados para a vida humana?

Neste capítulo, vamos abordar os níveis do conhecimento — comum e crítico — e seus significados para a vida humana, sejam de orientação prática para a vida, de superação da ignorância, de libertação individual e social, como também os possíveis usos do conhecimento como suportes da ação.

Com isso, estaremos avançando mais um passo na compreensão desse complexo fenômeno que é o conhecimento.

1. O senso comum

O senso comum é a compreensão da realidade, constituída de um conjunto de opiniões, hábitos e formas de pensamento, assistematicamente estruturada e utilizada diariamente pelos seres humanos como forma de entendimento e como forma de orientação de suas vidas.

É o entendimento que emana das experiências cotidianas das pessoas; por vezes válido, por vezes sem qualquer fundamento ou justificação. Nem sempre é válido o ditado de que "a voz do povo é a voz de Deus", no sentido de que aquilo que o povo diz, no dia a dia, é a verdade. Por vezes, o que o povo diz é simplesmente um conjunto de ingenuidades; porém, por vezes, é significativo e tem validade. Assim, pode-se dizer que o senso comum carrega em seu seio o *bom senso*, que nada mais é do que o conjunto de entendimentos e ações realizadas pelo ser humano, com base no conhecimento espontâneo e assistemático, que revelam acertos, diríamos quase que uma "ciência implícita".

O *senso comum* é o conhecimento acumulado pelas sociedades humanas sem um esforço de busca de coerência e organicidade das partes; por isso, manifesta-se como fragmentário. O *bom senso* define-se como o conjunto de elementos de criticidade que existe no seio do *senso comum*.

Diz-se que este conhecimento é o da *prática utilitária*, devido ao fato de ele dar suporte ao conjunto das ações diárias dos seres humanos em sociedade, sem se perguntar e sem explicar em essência o que elas significam. Ou seja, faz-se alguma coisa desta ou daquela maneira devido ao fato de que "acostumou-se" a fazer assim. Porém, nunca se pergunta "por que" se faz desta maneira, nem qual é o fundamento desse modo de agir. Por exemplo, usamos o dinheiro diariamente, mas não nos perguntamos o que ele significa em economia política e na sociedade burguesa-capitalista na qual vivemos. Será que ele só serve de meio de troca ou é também uma mercadoria? Marx discute essa questão em *O capital* de maneira científica, buscando a sua compreensão essencial, que ultrapassa o utilitário cotidiano.

Do exposto, pode-se concluir que o conhecimento produzido pelo senso comum é conhecimento, porém superficial, baseado nas aparências dos fatos e acontecimentos.

Entre o senso comum e o senso crítico há um salto qualitativo; enquanto um é superficial e fragmentário, o outro pretende ir à essência e buscar compreensões coerentes e universais.

Devido ao fato de ambos serem conhecimentos e devido ao fato de que, na oportunidade do dia a dia e na ordenação cronológica de nossas vidas, deparamo-nos primeiramente com o senso comum, há autores que consideram que a determinação entre uma e outra forma de conhecimento dá-se tão somente por um processo de sofisticação, ou seja, entre o senso comum e o senso crítico, há uma continuidade de compreensão do mundo; todavia, o senso crítico utiliza-se de recursos metodológicos não disponíveis ao senso comum. O senso comum, sofisticando-se, torna-se senso crítico.[1]

De fato, parece que não é isso que ocorre. Ninguém nega que todos os seres humanos vivam o senso comum, inclusive aqueles que buscam a ciência e a filosofia; porém, o senso crítico exige um salto de qualidade, tanto no que se refere aos meios de produzi-lo quanto nas compreensões obtidas.

Quanto ao modo de obtê-lo, Tiago Adão Lara, em *Caminhos da razão no Ocidente*, nos diz:

> A diferença é que o conhecimento do homem do povo foi adquirido espontaneamente, sem muita pre-ocupação com método, com crítica ou com sistematização. Ao passo que o conhecimento daquele que estudou algo foi obtido com esforço, usando-se um método, numa crítica mais pensada e uma organização mais elaborada dos conhecimentos.[2]

Assim, um dos cernes da questão dos níveis do conhecimento se acha na maneira de apreensão da realidade. O conhecimento prático-utilitário do senso comum carece de um embasamento metodológico. Considerando que ele tem origem nas experiências comuns

---

1. Cf. Hegenberg, Leônidas. Ciência. In: Hegenberg, Leônidas. *Explicações científicas*. São Paulo: Ed. Pedagógica Universitária, 1973. p. 29-40.

2. Lara, Tiago Adão. *Caminhos da razão no Ocidente*. 2. ed. Petrópolis: Vozes, 1986. p. 12.

e espontâneas do dia a dia, o enfrentamento da realidade vai se dando de forma ametódica e assistemática. Os entendimentos vão se formulando ao sabor das circunstâncias que se apresentam, o que os faz imediatistas e utilitaristas, já que as experiências vividas quase sempre estão ligadas ao mundo mais próximo e, por isso, mais ou menos valorizadas, a depender do papel que venham a desempenhar na satisfação de necessidades emergentes. Por outro lado, o entendimento que se formula a partir do senso crítico tem um nível completamente diferenciado, pela sua coerência, organicidade e universalidade de seus juízos. O senso comum não está preocupado com as incoerências de suas partes, e muito menos se esse entendimento é válido aqui e acolá ou se só aqui ou só acolá. Sabe que, aqui e agora, nesse momento prático, ele é útil; o depois... e o acolá... do conhecimento são dimensões que não cabem no seu horizonte.

Ernest Nagel, em um texto intitulado "Ciência: natureza e objetivo", publicado em *Filosofia da ciência*, faz uma síntese interessante das características do senso comum, que transcrevemos abaixo. O senso comum manifesta:

> a) imprecisão e também aproximação de coisas e processos que são essencialmente diferentes;
>
> b) utilização arbitrária de crenças: havendo duas crenças incompatíveis para escolher, escolhe uma por preferência arbitrária;
>
> c) fragmentariedade: a dificuldade do homem menos culto de atingir relações mais sutis faz com que as ligações que existem entre enunciados independentes sejam habitualmente ignoradas;
>
> d) certo grau de inconsciência do alcance e das consequências das aplicações daquilo que é o seu saber;
>
> e) miopia utilitarista, que reduz seu campo de reflexão só àquilo que é presente, que exige apreensão imediata.[3]

---

3. Cf. Nagel, Ernest. Ciência: Natureza e objetivo. In: Morgenbesser, Sidney. *Filosofia da ciência*. São Paulo: Cultrix, 1985. p. 16.

2. O senso crítico

Das considerações sobre o senso comum, depreende-se que as características do senso crítico são diversas, ultrapassando qualitativamente o senso comum em metodicidade e universalidade de interpretação. O senso crítico exige um patamar superior de investigação e produz um entendimento mais significativo e abrangente da realidade.

Do ponto de vista da construção do conhecimento, ele é *intencional*, voluntário e, por isso, utiliza-se de um variado recurso lógico-metodológico para apreender a verdade da realidade. Não espera, espontaneamente, que os fatos exijam alguma interpretação. O senso crítico está sempre inquieto com o desconhecimento e com a ignorância sobre os fatos e acontecimentos. Intencionalmente, procura compreendê-los. Para tanto, busca a sua *essência*, ou seja, o seu verdadeiro significado, que está oculto à primeira olhadela. Faz uso de recursos metodológicos tais como: 1) tomar o objeto de estudo como *parte* de um *todo* (uma gripe pertence ao *organismo* de um indivíduo e não só às suas vias respiratórias; os problemas de habitação não pertencem a *uma cidade* em específico, mas ao *modelo capitalista de cidade*); 2) tomar um objeto *singular* como representante de um *universal* (o sujeito individual gripado é um representante singular da universalidade dessa afecção da saúde; o problema habitacional de Salvador-BA é um representante singular de um universal, que é a questão da habitação na sociedade burguesa-capitalista); 3) tomar o objeto de estudo como uma *manifestação aparente* de algo que não está sendo captável, a sua *essência*; por isso, torna-se necessário desvendar a essência na aparência, a interpretação nem pode ser superficial, nem imediatista; 4) tomar o objeto de estudo como *resultado de um passado*; nenhum objeto presente manifesta-se sem um determinado passado de precursores (um indivíduo não adoece de imediato, mas sim em decorrência de fragilidades anteriores; um acontecimento político não emerge gratuitamente, ele tem um passado que o torna compreensível).

Deste modo, o conhecimento do senso crítico é metódico. Além disso, manifesta-se como um patamar superior de compreensão da realidade, como já dissemos anteriormente. O que significa isso? Significa que o seu resultado, a sua explicação, explicita significativamente o que é um fato, o que é uma situação. Lembremo-nos dos casos da "febre puerperal" e do "bonapartismo" relatados no capítulo anterior. No nível do senso comum, a febre puerperal poderia ser um castigo dos céus, e o golpe de Estado um feito heroico de um ditador. No entanto, no nível do senso crítico, esses conceitos explicativos foram extraídos da própria realidade pelo uso de um instrumental metodológico. Constituíram-se não como "eventuais explicações" da realidade, mas sim como conceitos científicos universais e válidos. Isso significa que eles valerão para sempre? Não! Tanto os desvios orgânicos da febre puerperal como a prática de governo bonapartista poderão desaparecer da face da Terra e, então, esses conceitos não serão mais do que lembranças de fatos que aconteceram no passado.

Vamos dar um outro exemplo. Pretendendo conhecer a estrutura administrativa de uma escola, solicitamos ao seu diretor o organograma e o regimento da instituição. Verificamos os órgãos competentes da escola, as relações entre eles etc. Até aqui, lemos os documentos e verificamos o que está escrito neles. Se assumirmos esta estrutura administrativa como aquela que está sendo exercitada, estaremos no nível do senso comum. Deixando os documentos e observando os atos das pessoas no processo administrativo dessa escola, veremos que as redes de poder aí vividas são diversas das descritas e, então, estaremos desvendando a verdadeira rede de poder dessa escola (aparência/essência). Neste segundo momento, descobrimos criticamente qual a verdadeira rede de relações do poder administrativo da escola e suas articulações. Aqui há um nível novo e verdadeiro de entendimento, que ultrapassa o primeiro.

O primeiro é *senso comum*, o segundo, *senso crítico*. Em uma relação entre senso comum e senso crítico, é claro que o senso crítico é um modo e um nível de conhecimento que merece a atenção de todos os seres humanos devido ao patamar qualitativo a que ele se propõe atingir de desvendamento da realidade, agindo de forma coerente e sistemática. Quanto mais lúcida for a forma de conhecimento, maior será a possibilidade de consciência e coerência nas ações de reivindicações.

Essa comparação entre o senso comum e o senso crítico não deve conduzir-nos a dois desvios possíveis. Em primeiro lugar, a considerar que o conhecimento cotidiano é só um conhecimento acrítico. No geral, poderíamos dizer que ele é fragmentário, tendo em si fragmentos de ingenuidade ao lado de fragmentos de criticidade. Foi o que falamos do "bom senso". Em segundo lugar, torna-se perigoso equiparar senso crítico com conhecimento escolarizado e senso comum com conhecimento não escolarizado. De fato, todo conhecimento escolarizado *deveria ser crítico*, mas nem sempre tem sido, nem sempre o é. Além disso, importa ter presente que nem todo conhecimento crítico passa pela escola. Conhecimento crítico é uma categoria mais abrangente que conhecimento escolarizado. O senso crítico pode dar-se nos setores de estudos e pesquisas tanto intra quanto extraescolares. O lembrete que estamos fazendo aqui é para evitar desvios de interpretações e atitudes preconcebidas, evitando privilegiar seja o conhecimento popular, seja o escolar.

3. Globalidade e especificidade dos tipos de conhecimento

Por si, o conhecimento embutido no senso comum é globalizante, não possui especialidades. Com o mesmo tom, trata de normas morais, condutas sociais, religião, acontecimentos da natureza etc. As interpretações que emergem do senso comum não têm a pureza de tratar um objeto a partir dele mesmo. Trata um determinado objeto a partir de diversos direcionamentos, tais como: natureza, religião, normas morais, antropomorfismos. Cada fenômeno é interpretado por uma mescla de vertentes.

Diversamente, o conhecimento do senso crítico especializa-se: cada fenômeno é tratado e interpretado a partir do seu âmbito; a natureza a partir da natureza, os fenômenos sociais a partir da sociedade, os fenômenos religiosos a partir da teologia, e assim por diante. O senso crítico busca um aprofundamento de interpretação, daí necessitar de enfoques centralizados, ou seja, de centros específicos de interesse de estudo e compreensão. Isto, por si, não suprime a interdisciplinaridade. Ao contrário, ela é necessária, porém de uma forma ordenada, a partir de um núcleo de abordagem e tratamento. Um fenômeno biológico, por exemplo, é visto do ponto de vista da biologia, em primeiro plano, porém, pode ser articulado, interdisciplinarmente, com economia, sociologia, história etc.

Em síntese, enquanto o conhecimento do senso comum é genérico, o conhecimento do senso crítico é especializado. Divide-se em áreas que já conhecemos, como: ciência, filosofia e teologia. Por sua vez, a ciência se especializa em seus ramos: ciências formais (as matemáticas), ciências empírico-formais (as da natureza), ciências sociais (as humanas). Esses ramos subdividem-se mais ainda; as ciências da natureza especificam-se em física, química, biológica etc. O mesmo ocorre com a filosofia, que se torna filosofia da ciência, filosofia do direito, filosofia da arte. Fato semelhante dando-se com a teologia, em dogmática, em ecleseologia, da libertação, da cidade, da política.

4. O papel do conhecimento na vida individual e social

Nas discussões que vimos desenvolvendo neste capítulo, temos tentado esclarecer os tipos de conhecimento. Agora, cabe tratar um pouco de suas consequências para a prática humana. Será que o conhecimento, seja no nível do senso comum, seja no nível do senso crítico, seria tão somente um diletantismo? Ou o esforço dedicado a eles tem algum objetivo em relação às necessidades humanas?

A nosso ver, tanto uma quanto outra forma de conhecimento têm um papel na vida individual e na vida social, assim como na vida dos povos. É do que vamos tratar a seguir.

4.1 O conhecimento prático-utilitário e a ação

Vimos, anteriormente, que a perspectiva metodológica é um dos fatores que diferencia o conhecimento prático-utilitário do crítico-metódico, assim como vimos que o primeiro é superficial e que o segundo busca a essência.

Essas diferenças fundamentais entre eles não impedem que ambos exerçam a sua função no que concerne a um entendimento da realidade e a uma certa forma de lidar com a mesma, ainda que em níveis e perspectivas diferenciadas.

Sendo o *conhecimento prático-utilitário, direto e imediato*, ou seja, sem uma busca intencional, proveniente da acumulação de experiências, um conhecimento que não se propõe a investigar em profundidade a significação das coisas, mas que se contenta com um entendimento orientado pelas aparências, a prática que ele orienta não poderá fugir a essas características. Essa prática se caracteriza por uma certa *ingenuidade* e por uma aceitação fácil daquilo que lhe é apresentado, sem questionamento e discussão. As ações são praticadas de maneira *acrítica* e pela lei do menor esforço. Se vamos a uma farmácia e o balconista nos diz que tal remédio é bom para tal doença, o compramos e usamos sem questionar seus efeitos e suas consequências. O que importa é que ele traga efeito imediato, mesmo que seja passageiro e acarrete consequências negativas posteriores.

Assim sendo, no conhecimento prático-utilitário, o enfrentamento da realidade, bem como o produto desse enfrentamento, será baseado em "achismos", no dado aparente e no aspecto sintomático. Isso implica uma frágil compreensão do real e, como consequência, uma superficial explicação do mesmo. Nesse nível de prática, o homem faz, mas não tem explicações objetivas do por quê e do como sabe fazer.

Todavia, seria incorreto retirar todo valor desse tipo de conhecimento prático-utilitário, considerando que a maioria das ações humanas praticadas no dia a dia é fruto desse tipo de conhecer. É indiscutível o significado prático daquilo que o homem consegue formular a partir das suas experiências cotidianas.

O *conhecimento crítico*, decorrente do *uso sistemático de recursos metodológicos*, possibilita um patamar de entendimento objetivo que garante, por consequência, uma ação objetiva e eficiente. O senso crítico é fundamental para o ser humano, pois que é no seu contexto que se dá e se desenvolve a cultura e a tecnologia mais avançadas da sociedade moderna. As demandas científicas das diversas áreas especializadas do conhecimento humano e seus diversos benefícios técnicos e tecnológicos decorrem de uma busca sistemática e permanente de um aprofundamento crítico da compreensão do mundo. O senso crítico não dirige todas as nossas ações, mas, parece-nos, seria ideal que assim o fosse, na medida em que ele destitui as fantasmagorias cotidianas.

Nesse contexto, vale ainda uma observação no sentido de lembrar que a sociedade na qual vivemos (sociedade capitalista) não pode ser transparente e totalmente explícita. Se assim o fosse, ela não teria como executar o tipo de poder e de relações sociais que exercita. Portanto, o senso crítico e a cultura dele decorrente não poderão nem deverão ser atributos de todos, visto que eles ofereceriam condições de consciência e ação sobre a realidade, possibilitando modificações. Por isso, normalmente, nesta sociedade, a educação sistemática é restrita, não atingindo a todos. O senso comum passa a ser um instrumento para sustentar a exploração dos oprimidos.

4.2 O conhecimento crítico e a ação

De acordo com o que foi dito, o conhecimento metódico-crítico não se contenta com as primeiras impressões, indo em busca do que é essencial nas coisas.

Decorrente desse processo, o indivíduo assume um papel central no processo do conhecer, na medida em que é o sujeito do conhecimento e, articulada com esse conhecimento, dá-se sua ação de forma consciente e fundamentada.

O saber, que estamos denominando de metódico-crítico, proporciona ao sujeito segurança e eficiência na ação, uma vez que lhe possibilitará conhecer não apenas os aspectos aparentes e sensivelmente perceptíveis da realidade, mas, principalmente, a razão de ser das coisas, aquilo que essencialmente a caracteriza e a define.

Tal situação de competência que proporciona ao indivíduo uma ação *libertadora* é verificada também em nível social com os grupos e as nações. Quanto maior criticidade se porta, tanto mais há a possibilidade de adequação e eficiência na ação.

É sabido que a cultura está voltada para a satisfação das necessidades humanas, fundamentalmente das necessidades básicas que garantam a sua sobrevivência, e, mais remotamente, para a satisfação das necessidades da convivência cultural.

Do ponto de vista valorativo, não existem culturas inferiores ou superiores. Cada uma delas é o que é na sua circunstância. Porém, do ponto de vista do desenvolvimento da realidade, as culturas podem, sim, ser classificadas em superiores e inferiores. O senso crítico, inegavelmente, é superior ao senso comum, na medida em que é crítico, orgânico, explicativo, sustentador de uma *práxis* objetiva.

As sociedades que investem no seu desenvolvimento científico e tecnológico, que buscam apossar-se de um saber mais objetivo e verdadeiro, terão maiores meios para resolver os seus problemas sem ter que recorrer ao *know-how* de outros povos. Tal fato, se aparentemente se apresenta como algo de menor importância, de fato não o é. Essa competência acarretará, por sua vez, *autossuficiência*, *liberdade* e *autonomia*.

As sociedades, porém, que não incentivam essa prática, que não investem num saber desvelador do real, não terão condições de enfrentar, verdadeiramente, os seus problemas; darão passos em falso e, certamente, precisarão da tutela do saber de fora. Essa prática as remeterá a uma situação de *dependência*, de *domesticação* e de *subserviência*. O conhecimento crítico serve de base para a ação eficiente, seja no nível individual, seja no nível social.

4.3 O conhecimento crítico e a vida dos povos

Como ficou esclarecido anteriormente, o conhecimento crítico-metódico assegura aos indivíduos e aos povos uma situação de competência, autonomia e liberdade.

Essa situação é de vital importância para o crescimento livre e para o efetivo progresso. Considerando que não existe ninguém que não almeje atingir esse fim, todas as forças devem ser concentradas no ensejo de alcançá-lo. Que forças são essas? De que maneira elas devem ser acionadas? Quais serão as consequências dessa prática?

A situação de dependência que é provocada, entre outras coisas, pela falta de saber, e que remete a uma dificuldade no fazer, só será revertida no momento em que um povo passar a acreditar em si mesmo e a investir nas suas próprias potencialidades.

Investir no seu potencial, no sentido de romper com as importações inconscientes e proporcionar ao povo as condições para a sua libertação. Para que essa libertação se dê, faz-se necessária a desmistificação do desconhecimento e do *fetiche*. Para tanto, importa investir no saber, na ciência, na cultura.

Os países subdesenvolvidos ainda não despertaram para essa fundamental problemática. No Brasil, por exemplo, a educação continua sendo um privilégio de poucos, e mesmo esses poucos que logram acesso a ela não são educados para uma prática libertadora, pois o processo educacional arrola seres humanos subalimentados, malformados, e pouco motivados. As escolas de primeiro grau, hoje, ao invés de formar o indivíduo, chegam, até certo ponto, a deformá-lo. As escolas de ensino superior, mal estruturadas e sem incentivos, convertem-se, quase sempre, em aglomerados de escolas que nada têm de universidade, no sentido verdadeiro do termo.

O clima é de tal forma desfavorável ao ensino e à pesquisa que acaba fazendo com que haja uma verdadeira revoada dos grandes cérebros do campo educacional para as áreas empresariais em busca de melhores condições de trabalho e de vida.

Um outro fator importante é o que diz respeito ao desenvolvimento da ciência e da tecnologia. Nos países subdesenvolvidos, onde a educação não é meta explicitamente prioritária dos poderes públicos, essa problemática fica sempre vinculada ao fator necessidade imediata. Não existe um incentivo constante neste campo e os profissionais, como dissemos, acabam debandando para outras áreas. É exatamente nos momentos de crise, quando surgem as epidemias e as catástrofes, que o governo se lembra de acionar esse mecanismo. Mas de que forma? Com que peças? Como utilizar-se de uma massa crítica se ela não foi construída?

Diante de necessidades prementes, o problema se agrava e o único caminho a seguir é o da importação. Importação de técnicas e de técnicos, de conhecimento e de tecnologia, o que implica dependência e aceitação. Quem pede acaba aceitando as regras do jogo do adversário que, muitas vezes, são pesadas e prejudiciais à realidade daquele povo dependente. A importação de ciência e tecnologia implica adaptação às condições impostas pelo outro. A relação se passa em nível de determinação por parte de um e de cumprimentos por parte do outro.

Essa situação de dependência aprofundar-se-á se os países subdesenvolvidos não impuserem uma nova orientação para as suas práticas. Isso equivale a dizer que o caminho a ser seguido deve estar articulado no sentido de criação de um corpo científico e de uma massa crítica. É preciso incentivar nossos pesquisadores, não somente como profissionais das épocas de crises, mas como indivíduos que construam, dia após dia, o nosso *know-how*. Por outro lado, precisamos assumir a nossa real situação, sem ficarmos imitando a prática de outros países. Precisamos romper com a tutela dos colonizadores, construindo condições para garantir a nossa real independência. Como diz Darcy Ribeiro, "o grande dilema brasileiro dos nossos dias está entre a via de atualização histórica ou a aceleração evolutiva, no âmbito de uma nova revolução tecnológica em curso, a Termonuclear".[4] Ou seja, podemos ir imitando os povos cientificamente mais desenvolvidos, seguindo em busca de uma industrialização nos moldes determinados por eles ou vamos parar para analisar as nossas necessidades e tentar construir um caminho científico e tecnológico próprio. Essa seria uma das formas propícias a um rompimento com a dependência, mas que implica um ato de coragem e uma prática revolucionária, mudando de mãos os mecanismos de administração e poder.

---

4. Ribeiro, Darcy. *Os brasileiros*: teoria do Brasil. Petrópolis: Vozes, 1978. p. 135.

Evidentemente, essa é uma tarefa que requer consciência e decisão por parte dos povos dependentes, pois, como sabemos, não é de interesse dos povos desenvolvidos cortar o "cordão umbilical" que tantos benefícios lhes traz. É preciso, pois, na visão de José Leite Lopes, que "os povos, cientistas e intelectuais dos países oprimidos tenham sempre uma posição de inconformismo e de luta".[5] Ciência e tecnologia, se não são fatores determinantes, são fatores fundamentais na vida dos povos.

4.4. A subtração do povo ao acesso ao conhecimento

Diz Leite Lopes:

> No Brasil o acesso à educação tem sido privilégio de uma pequena fração da população; e as escolas de ensino superior, tardiamente fundadas, mal estruturadas em universidades, cuja existência é, na prática, meramente formal — desprovidos, os professores tradicionais, do estilo agressivo da inventividade e da ânsia pelo trabalho experimental e pelas descobertas — explica a ausência da atividade científica sociologicamente significativa.[6]

A situação esboçada por Leite Lopes não se resume apenas ao Brasil, mas a todos os povos subdesenvolvidos e dependentes.

Ficou evidenciado, ao longo da nossa discussão, que o saber é um fator libertador; ora, a relação existente entre os povos desenvolvidos e os povos subdesenvolvidos é, evidentemente, de imperialismo. Um entre outros fatores importantes para a reversão desse processo, é a posse e utilização do saber por todos os indivíduos que compõem nossas sociedades.

Diante de tais perspectivas, os povos que se encontram em uma situação de mando, e ciosos de manterem o seu *status quo*, desenvolvem

---

5. Lopes, José Leite. *Ciência e libertação*. Rio de Janeiro: Paz e Terra, 1978. p. 32.
6. Idem, p. 21.

mecanismos de acomodação para o adversário, principalmente impossibilitando-o de ter acesso ao conhecimento.

O impedimento ao acesso ao conhecimento se dá em vários aspectos e por diversos canais. De início, poderíamos dizer que é problema de ordem interna, que diz respeito à própria política nacional. A falta de priorização de metas básicas para o desenvolvimento de um povo, como falta de investimentos na *saúde* e na *educação*, bem como a *má distribuição de rendas* que provêm uma minoria de muitos recursos e a maioria de praticamente nenhum recurso.

No Brasil, a falta de incentivo à educação criou um sistema educacional de baixa qualidade, carente de uma política pedagógica voltada para a formação e o crescimento do educando. Temos uma educação efetuada por profissionais despreparados e mal pagos, bem como possuímos uma infraestrutura material ineficiente. Diante disso, vemos que seria incorreto afirmar que os poderes públicos estão cumprindo com o seu dever de proporcionar, pelo menos, a educação básica aos membros de nossa sociedade.

Por outro lado, a injusta distribuição de rendas criou, no país, uma massa populacional sem a menor condição de ter uma vida digna; onde as famílias, na luta pela sobrevivência, jogam no mercado de trabalho uma mão de obra infantil, despreparada e mal paga. Essas crianças, em pleno momento de se ocuparem com uma formação mais sólida, só ingressarão na escola tardiamente e em condições desfavoráveis, o que as impedirá de ter um desenvolvimento satisfatório e fará com que elas, muito cedo, desistam de estudar.

O segundo fator, que poderíamos chamar de externo, é aquele caracterizado pela própria política das relações exteriores que, entre muitos outros problemas, cria o da *invasão cultural*. No dizer de Paulo Freire,

> [...] as relações entre o invasor e os invadidos, que são relações autoritárias, situam seus polos em posições antagônicas. O primeiro atua, os segundos têm a ilusão que atuam na atuação do primeiro, este diz a palavra, os segundos, proibidos de dizer a sua, escutam a palavra do

primeiro. O invasor pensa, na melhor das hipóteses, sobre os segundos, jamais com eles; estes são "pensados" por aqueles. O invasor prescreve; os invadidos são pacientes da prescrição.[7]

Aí está outra questão de impedimento ao saber; a dependência cultural, que outra coisa não é, senão uma forma de impedir indivíduos e povos de pensarem e decidirem sobre seu próprio destino.

São graves as consequências provocadas pela falta de acesso ao saber e esse impedimento não se dá por acaso, de forma neutra; ele representa a orientação política adotada pela sociedade, seja em nível nacional, seja em nível transnacional.

5. Conclusão

À guisa de conclusão, podemos afirmar que o conhecimento, como conhecimento reflexivo, é uma característica peculiar do ser humano. Seja instruído ou não, o fato é que todo ser humano realiza suas práticas, mas não só as realiza, como reflete sobre elas, transformando e produzindo novas práticas.

As práticas humanas refletem, pois, um saber. Saber este que pode ter sido adquirido de forma assistemática, empírica e sem intencionalidade, ou pode ser um saber conquistado sistematicamente, de forma crítica. Não há ação sem um saber.

Qualquer um desses tipos de entendimento da realidade é útil, funcional e valioso. O saber crítico, por estar balizado no aspecto metodológico, traz em si uma maior probabilidade de verdade, o que não implica ser entendido como saber que alcance verdades absolutas e eternas. Ele obtém verdades tão somente.

O saber proporciona ao indivíduo condições de entender a realidade e melhor conviver com ela, adaptando-a às suas necessidades.

---

7. Freire, Paulo. *Extensão ou comunicação?* Rio de Janeiro: Paz e Terra, 1971. p. 41.

Diante da compreensão do mundo, o ser humano se portará de maneira altiva e determinante, sendo o sujeito da situação e não o seu objeto. A situação contrária implicaria uma posição de inferioridade do sujeito, uma relação de dominação, de insegurança.

Situação idêntica se verifica por parte dos povos e das nações. Aí também a falta de saber gera a dependência, a submissão e a subserviência. Um dos caminhos para a libertação seria o de investir nas potencialidades próprias, no que diz respeito a proporcionar a todos uma educação eficiente, e na coragem de lutar para que lhes seja permitido crescer dentro das suas próprias condições, assumindo as suas limitações, e tentando ultrapassá-las. Entre muitos outros, o conhecimento crítico é um fator de libertação.

Capítulo 3

Conhecimento e verdade

A problemática central da nossa atenção tem sido, até o momento, o conhecimento. Dele abordamos o sentido, seu processo e apropriação, bem como sua importância. No momento, interessa-nos analisar a sua articulação com a verdade. Essa tem sido uma questão tratada largamente pelos estudiosos do assunto, os quais têm visto a verdade como o "cimento" de todas as teorias do conhecimento. Diante da importância que foi dada historicamente ao tema, interessa-nos saber em que se apoia o conhecimento, como as diferentes concepções filosóficas vêm articulando-o com a verdade, até que ponto podemos falar em conhecimento objetivo e neutro e que forma de enfrentamento do real mais se aproxima da verdade.

1. Possibilidades da verdade

Como vimos em capítulo anterior, o conhecimento é uma forma de interpretação da realidade que visa a elucidá-la. Ou seja, desvelá-la, compreendê-la, torná-la inteligível; em síntese, encontrar a verdade. Essa pretensão tem sido objeto de ocupação de filósofos e cientistas ao longo dos tempos, levando-os a conclusões que têm gerado diferentes formas de enfrentamento da realidade, diferentes compreensões sobre as possibilidades de a razão humana captar o real e formas variadas de interpretações acerca da verdade, caracterizadas por tendências filosóficas também diversas: dogmatismo, ceticismo, realismo, idealismo, positivismo, entre outras.

O dogmatismo é uma posição epistemológica que propriamente não considera o problema do conhecimento, uma vez que parte do princípio de que o mesmo não ocorre por um processo de interação entre sujeito e objeto e sim que os objetos do conhecimento são dados ao sujeito na sua corporeidade. O dogmático deposita total confiança na razão, como sendo a faculdade que conhece as coisas. É ela que apreende os objetos do conhecimento. Isso acontece tanto no plano da percepção quanto do pensamento e dos valores.

Tal postura elimina por completo o problema do conhecimento, pois não há como problematizá-lo se ele está previamente fixado. É um posicionamento que expõe sua opinião sem uma análise, sem crítica. Isso demonstra a ingenuidade da concepção dogmática e nos leva a entender a razão pela qual ela foi uma das primeiras formas de o homem lidar com a compreensão da realidade. O dogmatismo é unidirecional; tem uma direção única de interpretação da realidade. É o objeto que imprime o seu modo de ser na consciência do sujeito e essa é a verdade. Não há outra possibilidade. Em razão disso, o dogmatismo gera uma postura rígida na vida e na ação.

Etimologicamente, cético é aquele que examina a situação deixando o juízo em suspenso, que tem uma posição de cautela diante das possibilidades de se atingir a verdade. O ceticismo é uma forma de viver que nega a possibilidade de o conhecimento atingir a verdade. Isso porque acredita que o conhecimento é influenciado por fatores internos e externos, tornando-se relativo. Desse modo, o ceticismo pode ser entendido como uma posição inversa ao dogmatismo, pois enquanto este acreditava na possibilidade real de o sujeito apreender o objeto e atingir a verdade, aquele afirma o contrário. Por isso, para o cético, o mais coerente é o sujeito se abster de formular juízos assertivos.

Enquanto o dogmatismo desconsiderava o papel do sujeito no processo de conhecer, o ceticismo, basicamente, anula o do objeto. Não só nega a preponderância do objeto sobre o sujeito, como afirma que o objeto nada pode impor ao sujeito. Ou seja, admite que o sujeito desconhece o objeto e nada pode captar de verdadeiro sobre ele. Em outras palavras, o ceticismo nega a possibilidade de o objeto ser apreendido pelo sujeito, e enfatiza o aspecto subjetivo do conhecimento.

O realismo é uma posição epistemológica que supõe a existência de coisas reais independentemente da nossa consciência. O realismo natural ou ingênuo considera o conhecimento como a fiel reprodução do real; ou seja, afirma que existe uma identidade entre as coisas e a percepção que temos delas. Para ele, o verdadeiro é o percebido. Assim, aquilo que poderíamos identificar como sendo proveniente dos sentidos humanos — cores, odores, sabores — são tidos como propriedades dos objetos captadas pelo sujeito. Assim, essa concepção do conhecimento apresenta-se como uma concepção que entende o mundo como regido por leis simples, onde a natureza e a razão se identificam de tal modo que a verdade se torna uma possibilidade, uma vez que essa consiste na descoberta das leis existentes na natureza.

A teoria idealista fundamenta-se na tese de que o objeto do conhecimento não é real e sim ideal; ou seja, ela estabelece o domínio da ideia e do espírito no processo do conhecimento. Prioriza o sujeito e a subjetividade, pois para ela o conhecimento não é assimilação do objeto previamente dado e sim uma produção do mesmo. Uma vez que o objeto do conhecimento é ideal, nada mais é do que o conteúdo da consciência do indivíduo.

Considerando que o mundo exterior é uma manifestação da consciência, e que os dados da nossa consciência são relativos, pois só conhecemos as sensações e as imagens que nos chamam a atenção, torna-se comprometida a apreensão da verdade, pelo processo do conhecimento. Assim, a verdade não é uma construção e sim algo que existe independente da experiência, e só poderá ser captada pela especulação filosófica ou pela fé. Isso porque, para o idealismo, o universo é regido por forças suprassensíveis ao lado de forças físicas, de modo que, também, a fé pode nos levar a uma compreensão do mesmo.

São múltiplas as aplicações e os sentidos do idealismo. Na idade antiga, falava-se de um idealismo platônico como sendo decorrente do primado das ideias sobre o mundo sensível, defendido na teoria de Platão. Na idade moderna, o idealismo recebe uma reorientação, tornando-se uma posição cautelar e desconfiada.

A partir de Descartes e de Kant, a meta do conhecimento passa a ser a de atingir verdades indubitáveis a partir do potencial do sujeito pensante. Assim, a sensibilidade é colocada em segundo plano e a razão torna-se o único critério para tal.

A visão positivista, originária do empirismo inglês do século XVIII, ao contrário do idealismo, acreditava que o conhecimento estava embasado nos sentidos. Não admite verdades *a priori* e entende que nós só podemos ter, com as coisas, relações prováveis e susceptíveis de serem confirmadas. Considerando que, para essa concepção, a observação deve ser o único critério da verdade, a regra fundamental consiste em "jamais introduzir entidades não observáveis nas deduções científicas, a não ser como intermediárias de cálculos devendo desaparecer no momento da conclusão".[1]

Diante disso, rejeita qualquer tipo de metafísica e só aceita como verdade aquilo que possa ser verificado. A verdade de um enunciado só pode ser estabelecida por meio da experiência, e um enunciado, para ser verdadeiro, precisa ser experimentável e controlável.

Como se vê, não existe um consenso acerca das possibilidades de se atingir a verdade, acerca dos critérios para enfrentá-la, e muito menos acerca do que ela seja. Se o ideal dos primeiros teóricos era apossar-se da verdade e muitos chegaram a imaginar tê-la atingido, para muitos não existe uma única verdade, pois ela se fragmentou diante da pluralidade do mundo, que nos apresenta diferentes facetas da verdade.

Com isso, não podemos mais aceitar conclusões definitivas, pois cada saber deve operar a partir de suas fontes e de suas evidências. O que desfaz também a tendência de um saber pretender englobar outro

---

1. Japiassu, Hilton. *Questões epistemológicas*. Rio de Janeiro: Imago, 1981. p. 9.

e colocar-se como superior a ele, uma vez que cada saber se utiliza de métodos diferentes. Nesse contexto, Japiassu indica que: "[...] em nossos dias, a única síntese possível é a que assume decididamente a forma de um confronto permanente".[2]

Tal confronto demonstra a tendência atual de interpretação e compreensão da verdade que consiste em interrogar, analisar e buscar significados, isso porque se entende que não existe verdade dada e sim verdades produzidas, assim como não existe conhecimento absoluto e sim processual. Essa maneira de compreender a verdade rompe com as tradições mais arraigadas que afirmavam ser a verdade a apreensão do real tal qual ele era de fato. Essa ideia menosprezava a subjetividade e o papel do sujeito como o responsável pela apropriação do real.

Então, os conceitos de "verdade" e de "erro" ganham novos significados. A verdade deixa de ser certeza ou evidência para transformar-se em busca, produção e construção. Do mesmo modo, o erro perde o sentido pejorativo de defeito, o qual precisava ser evitado a todo custo, para ser entendido como um elemento que faz parte do próprio movimento do ato de conhecer. Assim, longe de ser pernicioso, ele é necessário, a fim de evitar que o conhecimento se dogmatize, tornando-se algo imutável e inquestionável.

Entendidos dessa forma, verdade e erro não são indicadores da derrocada do poder da razão; ao contrário, constituem uma forma de entendimento coerente que considera suas condições e limitações. Porém, é capaz de nos levar à apreensão da verdade, não de uma verdade absoluta e inquestionável, mas de uma verdade em processo, em movimento, como também o é o próprio real.

2. Conhecimento e ideologia

Admitir que não existe uma verdade absoluta decorre do fato de entendermos que o conhecimento é uma construção humana. Essa

---

2. Idem, p. 39.

afirmação possui consequências que se estendem desde a aceitação de que a razão humana não é o único critério usado no processo de conhecer, até a ideia de que não interagimos de forma pura com a realidade e sim a partir de um ponto de vista. O que equivale a dizer que a nossa visão da realidade é mediada tanto por elementos de ordem interna — lógica — quanto externa — social.

Desse modo, um mesmo dado do real pode ser analisado por óticas diferentes, decorrentes da concepção teórica seguida, do ângulo de visão tomado e das convicções profundas do sujeito. Além desse direcionamento, que pode ser considerado algo natural, pois faz parte da natureza do sujeito que conhece e das necessidades básicas para que o conhecer se dê, salientamos um outro, que é a postura ideológica.

Para entendermos a postura ideológica no ato de conhecer, faz-se necessário compreendermos inicialmente a ideologia. São muitas as definições dadas a ela. Podemos começar identificando-a com um conjunto de ideias, como uma doutrina, um corpo sistemático de ideias que serve para orientar a práxis humana, ou dar-lhe um sentido pejorativo, identificando-a como um conjunto de ideias sem fundamentação. Contudo, vamos analisá-la como "um sistema teórico-prático de justificação política das posições sociais".[3] Nesse sentido, ela ganha um cunho político, que consiste em justificar as desigualdades sociais determinadas pelo poder, o qual divide os homens entre os que mandam e os que obedecem. Como a desigualdade desencadeia o conflito, a ideologia passa a exercer o papel de manipuladora, no sentido de legitimar o poder e convencer os indivíduos a terem uma determinada forma de se comportar, de pensar e de ser.

Nessa perspectiva, ela se transforma em "... instrumento de institucionalização das desigualdades sociais e o cuidado constante por parte dos privilegiados de coibir a contestação por parte dos

---

3. Demo, Pedro. *Introdução à metodologia científica*. São Paulo: Atlas, 1983. p. 67.

desprivilegiados".[4] Em razão desse seu papel social e político, Marx, em *A ideologia alemã*, identifica-a como "falsa consciência", ou seja, como uma forma de deturpação da realidade, que visa a escamotear os conflitos e a apresentar a sociedade como harmoniosa e coesa. Isso é importante, entre outras coisas, por deslocar os problemas do seu eixo central, dificultando a contestação e impossibilitando as superações.

Para que esse objetivo se concretize, a ideologia utiliza-se de artifícios que a faz obscura e lacunar. Ou seja, nem tudo pode ser explicitado, é preciso haver um certo obscurecimento a fim de que ela se mantenha. Desse modo, lança mão de conceitos abstratos a fim de apresentá-los como válidos para toda a sociedade, como universais, quando, de fato, eles servem apenas para uma parcela da sociedade. Outro mecanismo utilizado é o que consiste em inverter a forma de interpretação das desigualdades sociais, fazendo com que estas sejam tidas como reflexo das desigualdades naturais. Naturaliza-se o que possui causa social, política e econômica.

A ideologia serve para inverter, também, a relação entre teoria e prática. A tendência mais comum é a de colocar a primeira como superior à segunda, no sentido daquela ser a orientadora dessa. Ora, tal atitude implica consequências mais profundas, como a legitimação da relação de poder existente nas sociedades capitalistas, que é determinada, entre outras coisas, pela divisão do trabalho em intelectual e manual, sendo que os indivíduos que se ocupam do primeiro tipo de trabalho se sentem em situação privilegiada em relação aos que se ocupam do trabalho manual, inclusive podendo determinar-lhes o destino.

A ideologia possui eficiência, chegando a penetrar em quase todos os setores (educacional, religioso, nos meios de comunicação etc.), criando dificuldades para que os homens tenham uma verdadeira compreensão do que se passa por trás do aparente, ou seja, impede

---

4. Idem, p. 68.

que compreendam a dialética entre o pensar e o agir. Esse mascaramento da realidade, entre outras consequências, produz o homem alienado.

A emancipação dos homens desse processo de alienação certamente não se daria pela via da ideologia e sim por meio de um tipo de conhecimento que pudesse fazer-lhe frente. Nesse contexto, a filosofia caracteriza-se como uma grande promessa no sentido de ser um saber crítico, que não se contenta com fórmulas prontas, e sim as enfrenta e as critica. Esse enfrentamento não visa a acabar com a ideologia em todas as suas conotações. Isso porque a ideologia também possui uma grande missão, que é a de garantir a coesão social. Isso é possível pois ela não é apenas "falsa consciência", é, também, consciência histórica e visão de mundo que se propõe a ser crença comum de determinados valores.

Assim, chegamos ao ponto de afirmar que é impossível imaginar qualquer produção humana como ideologicamente neutra. No que concerne ao processo de conhecer, é o mesmo que afirmar a impossibilidade de captarmos a verdade em si mesma. Essa relatividade da verdade se estende a todos os níveis do conhecimento, inclusive ao científico, pois também a ciência como produção humana é socialmente construída.

Nesse ponto, uma questão se impõe: como fica o ideal de objetividade, historicamente perseguido pela ciência? Indiscutivelmente, a ciência surgiu com a pretensão de atingir a objetividade. A palavra deriva de objetivo, que significa: "o conhecimento que reflete no espírito que conhece o objeto" ou que indica o conhecimento universalmente válido. Desse modo, a objetividade consistia em enfrentar a realidade para retratá-la fidedignamente. A ciência moderna, genericamente falando, vem trabalhando com o conceito de objetivação, o qual consiste em uma busca contínua de aproximação do real, na medida em que compreende que a verdade definitiva não pode ser obtida.

É de grande importância o processo de objetivação como mecanismo que limita a ideologização da ciência, bem como a interferência exacerbada da subjetividade. Assim, mesmo sabendo que o processo do conhecer não se dá de forma isenta de valoração, existe um esforço para se garantir o mínimo de distanciamento e de isenção de juízo de valor, necessários à apreensão do real. Nisso, muito auxilia a forma sistemática como a ciência é produzida, bem como as críticas mútuas que acontecem entre os profissionais que pertencem à comunidade científica.

A consciência de que conhecer é interpretar a realidade não tira o mérito do saber conquistado. Ao contrário, é uma atitude madura que vê o sujeito cognoscente face à realidade a ser conhecida, como aquele que examina de forma crítica e circunstancializadamente, verdadeira atitude de quem interage com o mundo.

3. O conhecimento do real

"A atitude primordial e imediata do homem, em face da realidade, não é a de um abstrato sujeito cognoscente, de uma mente pensante que examina a realidade especulativamente, porém a de um ser que age objetiva e praticamente, de um indivíduo histórico que exerce a sua atividade prática no trato com a natureza e com os outros homens, tendo em vista a consecução das próprias leis e interesses, dentro de determinado conjunto de relações sociais."[5]

Essa citação nos remete a dois aspectos do ato de conhecer que têm a ver com a natureza do sujeito cognoscente. Primeiro, do homem como sendo um conjunto das relações sociais, incluindo aí a sua individualidade, os condicionamentos sociais e os determinismos da natureza. Partindo do princípio que esses condicionamentos são temporal e espacialmente situados, ou seja, que eles acompanham os movimentos da história, inferimos o segundo aspecto da natureza humana, que consiste na sua dialeticidade. Assim, o homem não pode ser encarado como um ser metafísico, determinado e imutável e sim como um pro-

---

5. Kosik, Karel. *Dialética do concreto*. Rio de Janeiro: Paz e Terra, 1976. p. 9.

cesso de relações ativas, um ser engajado que age e interage com o real. É esse o sujeito do conhecimento. Como nos ensina Adam Schaff, no livro *História e verdade*, "só o indivíduo humano concreto, percebido no seu condicionamento biológico e no seu condicionamento social, é o sujeito concreto da relação cognitiva".[6] Isso porque a apreensão do real exige um sujeito ativo que se relacione com o objeto, e não apenas um sujeito contemplativo que apreenda abstratamente a realidade. O real só pode ser apreendido por meio de uma práxis histórica, que exige relação prática e utilitária com o mundo.

Apesar de o ato de conhecer iniciar pelo contato imediato com o mundo, o conhecimento que persegue a verdade não pode contentar-se com as primeiras impressões, sob pena de ficar com uma visão unilateral da realidade. Faz-se necessário superar esse estágio, de modo que a experiência sensível se torne condição para a apreensão da essência das coisas. Certamente essa passagem não se dá imediatamente e de uma vez por todas. Ao contrário, ela se faz dialeticamente, por meio de um movimento que vai do fenômeno para a essência e vice-versa. Isso porque "o fenômeno não é radicalmente diferente da essência, e a essência não é uma realidade pertencente a uma ordem diversa do fenômeno".[7] Desse modo, ao captarmos o fenômeno, somos levados a indagar sobre a sua essência, conduzindo-nos para a "coisa em si". É esse movimento de ida e vinda, de composição e decomposição do real que produz o conhecimento verdadeiro.

A maneira como enfrentamos a realidade e o nível de sua aproximação determinam diferentes níveis de saberes: senso comum, científico e filosófico. O senso comum nem sempre consegue dar o salto do aparente para o oculto. Isso porque ele capta a realidade da forma como ela se apresenta, com os seus matizes ideológicos e fetichizados. A ciência se apresenta como o produto de um relacionamento sistematizado, como um esforço consciente de captação das relações causais. Ela está preocupada em "descobrir particularidades antes desconhe-

---

6. Schaff, Adam. *História e verdade*. São Paulo: Martins Fontes, 1987. p. 81.
7. Kosik, Karel. Op. cit., p. 12.

cidas, para melhor prover e auxiliar a vida...".[8] A filosofia, por outro lado, se caracteriza como o esforço consciente para a apreensão do que se encontra oculto sob o objeto. É uma tentativa de descobrir o significado do existir.

Apesar dos esforços diferentes e dos alcances diversos de cada nível do saber, a orientação é a mesma para o conhecimento que pretenda ser uma expressão da verdade: destruir o mundo da "pseudo-concreticidade" e da alienação, proposta que consiste em destruir as explicações abstratas e vazias do mundo que substituem o saber pela imaginação, penetrando na essência das coisas, de modo a compreender a trama das relações que determina a realidade e revelar o substrato da dominação.

A ignorância, as falsas verdades são condições utilizadas no processo de dominação dos indivíduos, enquanto o saber se caracteriza como a possibilidade de o homem transcender a realidade pela ação inteligente, podendo torná-la mais satisfatória à sua vida. O processo de desvendamento do real faz com que o mundo perca o seu "ar de mistério", o qual dificulta a ação eficiente do ser humano. A partir dele, o homem volta a se identificar com o real, a vê-lo como produto da ação do sujeito no mundo. Esse processo de desalienação leva o indivíduo a perceber a relatividade das verdades, criando condições de libertar-se das verdades absolutas e preestabelecidas, e entendo-as como historicamente construídas e em contínuo devir. Entender esse movimento o auxilia a romper com as demais formas de dominação, uma vez que elas representam o mesmo processo de alienação.

Do mesmo modo, ele perceberá que existem diferentes ângulos de apropriação do real: teórico, artístico, religioso etc. e que a apropriação de cada um deles depende da sua escolha, da orientação que der à sua busca. Com isso, explicita-se que toda forma de apropriação da realidade é uma construção humana e decorre da ótica tomada pelo sujeito. Isso equivale a dizer que o mundo nos mostra faces diferentes a depender da perspectiva da qual o encaramos. Assim, um mesmo

---

8. Adorno E. Horkheimer. *Dialética do esclarecimento*. Rio de Janeiro: Zahar, 1985. p. 12.

objeto pode ter significados diferentes para indivíduos diversos. Por exemplo, a água pode ser, para um homem comum, apenas uma substância necessária à sua sobrevivência, para alguém que nela quase se afogou, uma ameaça, algo tenebroso e evitável, para um nadador, a condição da sua realização profissional e pessoal, a possibilidade de prazer e de reconhecimento.

Admitir que existem ângulos de tratamento do real, bem como pontos de vista, não equivale a seccionar o real em partes independentes; muito pelo contrário.

Significa entender que o sujeito pode apreender o real por diferentes ângulos, desde que procure não perder de vista que o real é multideterminado, o que quer dizer que ele necessita de ser abordado, tendo presente as múltiplas relações ("causas") que o determinam. Desconhecer essa relação do conjunto impossibilita vislumbrar a verdade, é distanciar-se da coisa em si. Isso porque a singularidade do objeto de nosso conhecimento só tem sentido e só é revelada na sua relação com o todo.

Essa exigência de considerar as múltiplas relações como sendo a forma possível de captar a realidade implica conhecer em que sentido a estamos tomando. A compreensão do que seja a realidade tem a ver com a cosmovisão adotada e com as diferentes maneiras do ser humano se relacionar com o mundo, entre outras coisas. Assim, a realidade pode ser o óbvio, o percebido ou aquilo que é revelado pela ciência. O fato é que em qualquer um desses entendimentos a noção do que seja realidade está ligada à noção do que seja verdade. Nessa perspectiva, da mesma forma que não podemos falar em verdade absoluta e sim em construção, também não podemos falar de realidade e sim de realidades.

Isso significa dizer que não existe uma realidade dada, com a qual o ser humano se relaciona de forma passiva, apenas registrando o que ela lhe apresenta. O homem é um ser ativo que age sobre o real, como temos visto, e, por isso, constrói o seu mundo e a sua realidade. Sendo a realidade socialmente edificada, ela reflete a estrutura social entendida e vivida, o conhecimento produzido e distribuído e os anseios e necessidades dos indivíduos em diferentes momentos históricos. Assim, conhecer a realidade não é acumular os fatos, é acima de tudo entendê-los em suas interconexões com outros fatos e com o todo.

Nessa perspectiva, a busca por apreender a realidade é a mesma por apreender a verdade. *Elas caminham juntas*. A aproximação que se faz de uma serve para aproximar-se da outra. Desse modo, o conhecimento no sentido mais aproximado com o real, pode ser compreendido como ver o mundo como ele é, ou seja, em "desencantar o mundo", sem desconsiderar nem o sujeito nem o objeto e sim entendendo-os no processo dialético de construção e compreensão da realidade. Correlatamente, a verdade seria uma construção e decorre da interpretação crítica dos fatos, que se dão nas nossas vivências.

SEGUNDA PARTE:

Sobre o conhecimento filosófico

Capítulo 4

Filosofia: elucidações conceituais

Neste texto, pretendemos apresentar um entendimento do que vem a ser a filosofia. Mais que isso, pretendemos abordar o sentido e o significado[1] do exercício do filosofar e do seu resultado para a vida humana.

Para tanto, poderíamos seguir variados caminhos. Todavia, vamos ter de eleger um para desenvolver nossa exposição. Poderíamos, por exemplo, elencar uma série de definições de filosofia apresentadas pelos diversos pensadores ao longo da história das ideias. Assim, tomaríamos definições de Platão, Aristóteles, Tomás de Aquino, Descartes, Kant, Hegel e tantos outros filósofos. Apropriar-nos-íamos de suas definições e iríamos, didaticamente, esclarecendo-as.

Um outro caminho possível seria tomar uma só dessas definições — aquela que considerássemos a mais adequada — e, a seguir, também de forma didática, dimensionar e esclarecer o sentido de cada uma de suas afirmações, de tal forma que a definição se tornasse completamente esclarecida.

Esses dois caminhos metodológicos de expor o sentido da filosofia poderão ser bastante úteis para aqueles que já possuem alguma

---

1. O termo "sentido" está sendo utilizado como sinônimo de compreensão essencial e o termo "significado" como correspondente do papel que a filosofia tem na vida humana.

iniciação no exercício do filosofar, mas, para aqueles que vão se iniciar nesse esforço, eles apresentarão um caráter um tanto abstrato. Por isso, vamos usar um outro recurso metodológico, a partir do qual exporemos o sentido e significado da filosofia tendo como base tanto o exercício do filosofar como o seu resultado. Essa exposição será complementada com a discussão que será feita no próximo capítulo, onde a questão do método do filosofar será abordada.

Vamos, pois, introduzir-nos na compreensão do que vem a ser filosofia, levando em conta, de um lado, o objeto do seu entendimento e, de outro, a perspectiva pela qual esse entendimento é fundamental para a existência humana, na medida em que ele é "fundador" da prática humana, pois que esta se direciona articulada com aquele. Ou seja, vamos analisar a filosofia como a prática de conhecimento que aborda, discute e reflete os fundamentos da prática humana cotidiana, nas suas diversas dimensões — existencial, política, social, educativa etc.

Em síntese, queremos tratar a filosofia como uma construção intencional e, por isso, crítica, de uma compreensão radical do mundo como um todo, criando princípios de direcionamento da prática humana. Assim sendo, definiremos a filosofia como um entendimento que tem por objetivo uma compreensão do mundo que auxilia o ser humano no norteamento de sua vida. A compreensão filosófica, que cada um de nós vier a assumir, deverá dar direção às nossas ações, sejam elas quais forem, de forma coerente. Ou seja, cada uma das nossas ações será atravessada pela nossa filosofia; nossas práticas adquirirão o sentido e o significado que viermos dar a elas.

1. Importância da filosofia

Um primeiro ponto básico a ser discutido, ao iniciarmos a abordagem da filosofia, é sabermos de sua importância.

Torna-se necessário discutir se a filosofia tem algum significado, seja para a vida individual, seja para a vida social. Quando nos detemos a refletir sobre os diversos âmbitos do conhecimento humano, consideramos que todos eles são da maior importância, tais como a física, a química, a biologia, a economia e a história. São áreas do conhecimento que já se tornaram consagradas e, na mente das pessoas, não existem mais dúvidas sobre o seu efetivo valor para a vida individual e social. Ninguém mais questiona a sua validade e a sua importância. Para estarmos cientes dessa atitude das pessoas, basta observarmos que as consequências tecnológicas dessas ciências estão visíveis no dia a dia nos produtos materiais e nos meios de comunicação. As ciências estão aí dando suporte ao entendimento e ao desenvolvimento do moderno progresso humano. Devido a essa manifestação diuturna, não ocorrem dúvidas sobre a importância dessas áreas de conhecimento. Elas se traduzem em efeitos tecnológicos absolutamente observáveis e convincentes.

E a filosofia? Possui ela esse valor social visível? Ela também se faz presente em todos os nossos atos?

Nessa discussão sobre a honorabilidade da área de conhecimento, podemos dizer que a filosofia não é admitida como significativa de modo imediato e evidente. Ela não produz resultados tecnológicos e, por isso, não se torna visível de forma observável. Os efeitos da filosofia se fazem presentes na cultura e na ação de um povo ou de um indivíduo; daí não serem facilmente reconhecíveis. Sobre as considerações que a sociedade e as pessoas têm para com a filosofia, é possível detectar pelo menos cinco atitudes, sendo que as quatro primeiras são negativas e a última positiva. Em primeiro lugar, temos aqueles indivíduos e aqueles grupos humanos que consideram a filosofia como alguma coisa inútil, produto de algumas mentes diletantes e, deste modo, sem nenhum comprometimento com a existência diária das pessoas. Esse julgamento do significado da filosofia é manifesto de diversas maneiras. Assim, existem aqueles que dizem que a filosofia constrói castelos estéreis de ideias e conceitos que servem tão somente para preencher o tempo daqueles que a ela se dedicam. Chegam mesmo a considerar o sujeito que se dedica ao filosofar como um "maluco", um "lunático", um "fora da realidade".

É dentro desta perspectiva que se pode entender a frase popular, corriqueiramente dita no cotidiano das conversas: "Aquele sujeito ali é um filósofo..." Com isso, usualmente, se quer caracterizar alguém que se apresenta, seja na conduta, seja no vestir, ou em outros elementos do dia a dia, de uma forma que diverge do comum dos mortais. Esse julgamento será mais exacerbado ainda se o referido sujeito for pouco atento às questões de sobrevivência econômica. Parece que aqueles que se dedicam à filosofia, por si mesmos, não necessitam de meios para sobreviver. Comentário semelhante é feito sobre os poetas, sobre alguém que não está preocupado com os "miúdos" do dia a dia tais como "ganhar muito dinheiro", "ter um apadrinhamento" etc. Popularmente se diz: "Aquele é um poeta, está sempre com a cabeça ao vento". Coitados dos filósofos e dos poetas, não é mesmo?

Aliás, esse tipo de julgamento sobre filósofos e poetas não é novo. Conta-se que Tales, da cidade de Mileto, considerado como o primeiro filósofo ocidental, em torno do século VI antes de Cristo, certo dia estava a andar pela rua e, simultaneamente, a contemplar os astros no céu e, então, não vendo um buraco à sua frente, caiu dentro dele. Uma escrava que passava teria dito coisa mais ou menos assim: "Senhor Tales, como quer ver as coisas do céu, se não consegue enxergar um buraco que está à sua frente?" Tales seria um lunático. Todavia, esquecem-se de que ele foi um comerciante de azeite em Mileto. E... bem-sucedido.

As considerações anteriores nos demonstram que, no cotidiano, as pessoas não valorizam a filosofia como uma forma de saber que tenha um significado definido e importante em suas vidas. Temos que ter clareza que essas manifestações são expressões particulares da forma universal como a sociedade, especialmente pelo seu segmento dominante, vê a filosofia. Há um alijamento do saber filosófico diante da possibilidade de ele despertar a criticidade, devido ao mesmo ter a possibilidade de desvendar os valores que sustentam as ações, individuais ou coletivas.

Uma segunda atitude em relação à filosofia constitui-se na polidez com a qual, muitas vezes, ela é admitida, sem, contudo, ser levada a sério como deveria sê-lo.

Senão, vejamos! Uma primeira forma pela qual essa polidez universal para com a filosofia faz-se presente em situações particulares pode ser detectada em um momento de convívio social. Em uma roda de final de semana, alguém chega e se apresenta como sendo um profissional da área de filosofia, então, o comentário polido é mais ou menos o seguinte: "Puxa, para trabalhar com filosofia é preciso ter uma inteligência excepcional, pois essa é uma área de conhecimento muito difícil". Há nessa afirmação um elogio para o profissional de filosofia, mas também uma forma de dizer que não vale a pena tentar se dedicar à filosofia, pois ela é uma área de estudo tão difícil que somente uns poucos privilegiados podem se dedicar a ela. A filosofia, desse modo, não é para todos, mas para poucos. Parece, então, que o comum das pessoas não deve, de forma alguma, dar atenção à filosofia, pois não vai conseguir chegar onde deveria chegar. Elogia-se a filosofia por meio do elogio ao filósofo, porém retira-se a possibilidade de que a filosofia venha a ser alguma coisa interessante e importante para todas as pessoas.

Ainda dentro dessa mesma perspectiva de admitir polidamente essa área de saber, encontramos o fato histórico e social de que as instituições sociais mantêm cursos de formação em filosofia sem dar-lhes condições suficientes de desenvolvimento. As universidades, em geral, mantêm um curso de filosofia. "Fica bem", para elas, mantê-los! Contudo, nem sempre ou quase nunca as efetivas condições de sobrevivência e crescimento desses cursos são garantidas. Praticamente não há verbas para o desenvolvimento de investigação em filosofia, assim como não há condições satisfatórias para o seu ensino. Desta forma, a honorabilidade da filosofia está fundada quase que exclusivamente na sua antiguidade; ela foi a primeira das formas racionais de conhecimento e, aos poucos, as outras formas de conhecimento foram se constituindo. Assim, diz-se que a filosofia foi a "mãe de todas as ciências" e... como "não se joga fora a mãe", também a filosofia polidamente não é posta de escanteio. Ela é cortesmente admitida, mas não levada em consideração.

Tanto uma como outra forma de "polidez" para com a filosofia revela a atitude de quem não penetra no efetivo significado da mesma.

São julgamentos que se referem a aspectos absolutamente externos à filosofia e ao ato de filosofar propriamente dito.

Uma terceira forma de conduta em relação à importância da filosofia é a da *blague*. Há uma frase secular e folclórica com a qual se define o que seria a filosofia. "A filosofia — se diz — é a ciência com a qual, ou sem a qual, o mundo continua tal e qual". É uma *blague*. Todavia é uma forma de dizer, brincando, que o exercício do filosofar é uma coisa inútil. Essa *blague* é uma forma de expressar a compreensão de que a filosofia é um modo de conhecer que não se sabe de onde veio nem para onde vai. Ao mesmo tempo que é uma brincadeira, essa definição manifesta uma postura negativa da sociedade em relação à filosofia; na brincadeira, ela é julgada inútil.

Uma quarta atitude paradoxal em relação à filosofia é a que assumem, aqui e acolá, os poderes constituídos. Entendem que a filosofia é uma forma de saber que é perigosa nas mãos dos cidadãos e, por isso, deve ser abolida; mas que é importante nas mãos dos poderes constituídos. Isso foi o que ocorreu no Brasil pós-1964, por exemplo. O governo militar brasileiro suprimiu o ensino de filosofia nas escolas de ensino médio e dificultou-o nas universidades. Contudo, investiu em especialistas da área de pensamento filosófico e político-ideológico, encarregando-os do estabelecimento do pensamento filosófico-político norteador das ações governamentais. A exemplo, podemos lembrar que o Iseb (Instituto Superior de Estudo Brasileiro), que se dedicava a estudar este país do ponto de vista de marginalização dos grandes centros, foi suprimido. No entanto, a Escola Superior de Guerra, instituição tipicamente militar, foi incentivada a expandir suas atividades científicas e culturais, no sentido de estabelecer fundamentos ideológicos para o encaminhamento das ações dos governos militares. A filosofia ou é significativa sempre ou não é. Por que seria significativa para uns e para outros não? Aí está o paradoxo. Os cidadãos comuns deveriam estar proibidos desse tipo de pensamento, porque crítico; porém, os militares deveriam estar instrumentados com um tipo de entendimento filosófico-ideológico, porque possibilitaria o norteamento de sua ação. Curioso paradoxo, não?

Isso não aconteceu só no Brasil. Em todos os países, os governos possuem os centros de pensamento filosófico-político. De Gaulle, na França, serviu-se dos trabalhos da Sorbone, por exemplo; Kennedy, nos Estados Unidos, de Harward.

Todas as atitudes em relação à filosofia até agora descritas diminuem ou suprimem o seu significado. Todas elas apresentam um aspecto contraditório entre o "valorizar e o desvalorizar", como fazem as atitudes cotidianas, ou entre o "desvalorizar e o valorizar", como faz a oficialidade.

Evidentemente que a atitude mais correta em relação ao saber filosófico — a quinta atitude — é considerá-la naquilo que tem de propriamente seu. Ou seja, assumir a filosofia no seu aspecto essencial de ser uma forma de entendimento necessário à "práxis" humana, rejeitando, assim, todos os subterfúgios, sejam eles de "polidez", de "blague", de "oficialidade", ou outros.

Leôncio Basbaum expressa bastante bem o sentido da importância da filosofia na vida humana, dizendo:

> Devemos repelir qualquer ideia de que a filosofia seja um quadro exposto à contemplação do homem, ou mesmo um entorpecente para mergulhá-lo em doces sonhos etéreos, enquanto esquece a realidade da vida e o mundo que há a fazer dentro dela. A filosofia é, antes de mais nada, em primeiro lugar e acima de tudo, "uma arma", uma ferramenta, um instrumento de ação com a ajuda da qual o homem conhece a natureza e busca o conforto físico e espiritual para a vida. Se o homem realmente se destaca dos outros animais pela amplidão e profundidade do seu pensamento, se tudo o que ele realizou, desde que, saindo da selvageria, começou a construir o que chamamos de civilização, foi a concretização desse pensamento que, evoluindo, se transformou, através do tempo e do espaço. Não há dúvida de que esse pensamento, mobilizando os dedos de sua mão, é sua principal arma na conquista da natureza e, portanto, de sua liberdade.[2]

Assim, a nosso ver, a verdadeira compreensão do significado da filosofia implica assumi-la como uma forma de entendimento da rea-

---

2. Basbaum, Leôncio. *Sociologia do materialismo*. São Paulo: Símbolo, 1978. p. 302-3.

lidade que coloque nas mãos do ser humano uma orientação, um direcionamento para a sua ação. Ela é de fundamental importância para a vida de todos os indivíduos, como seres humanos que desejam encontrar um sentido para o seu agir.

No que se segue, vamos tentar definir a filosofia a partir desse último ponto de vista.

2. O que é a filosofia

Desde que recusamos as formas implícitas ou explícitas de diminuir ou alijar a importância da filosofia e afirmamos o seu efetivo significado para a vida humana, importa, agora, conseguirmos esclarecer o que ela é, como ela pode ser compreendida.

Jaspers — em seu livro *Introdução ao pensamento filosófico* — compreende a filosofia da seguinte maneira:

> Seja a filosofia o que for, está presente em nosso mundo e a ele necessariamente se refere.
>
> Certo é que ela rompe os quadros do mundo para lançar-se no infinito. Mas retorna ao finito para, aí, encontrar o seu fundamento histórico sempre original.
>
> Certo é que tende aos horizontes mais remotos, horizontes situados para além do mundo, a fim de ali conseguir, no eterno, a experiência do presente. Contudo, nem mesmo a mais profunda meditação terá sentido se não se relacionar à existência do homem aqui e agora.
>
> A filosofia entrevê os critérios últimos, a abóbada celeste das possibilidades, e procura, à luz do aparentemente impossível a via pela qual o homem poderá enobrecer-se em sua existência empírica.[3]

Esse pensador nos mostra que a filosofia é uma forma de compreender o dia a dia da história, a cotidianidade do mundo, os seres humanos com suas aspirações, desejos, grandezas e misérias; essen-

---

3. Jaspers, Karl. *Introdução ao pensamento filosófico.* São Paulo: Cultrix, 1976. p. 138.

cialmente, ela é a "via pela qual o homem poderá enobrecer-se em sua existência empírica". Ainda que a filosofia construa entendimentos da realidade que possam parecer abstratos, eles, de fato, expressam a vida de forma pensada; expressam o concreto de forma pensada. Eles nascem da realidade e, para abarcá-la na sua universalidade, necessitam ultrapassá-la, formulando compreensões que se universalizem. Ou seja, a filosofia reflete sobre os dados concretos do dia a dia; porém, para cumprir o seu papel, necessita descolar-se dessa realidade empírica para, no nível do pensado, deslindá-la e, assim, possibilitar ao ser humano uma orientação para a sua prática. Desse modo, e tão somente desse modo, é que a filosofia pode ser significativa para o ser humano, individual ou coletivo. Pensando o concreto, ela constitui um entendimento coerente e crítico que possibilita o direcionamento da ação prática cotidiana. Dessa maneira, ela "dá forma" à ação.

No dizer de Leôncio Basbaum,

> [...] a filosofia não é, de modo algum, uma simples abstração independente da vida. Ela é, ao contrário, a própria manifestação da vida humana e a sua mais alta expressão. Por vezes, através de uma simples atividade prática, outras vezes no fundo de uma metafísica profunda e transcendental, mas sempre dentro da atividade humana, física ou espiritual, há filosofia... A filosofia traduz o sentir, o pensar e o agir do homem. Evidentemente, ele não se alimenta de filosofia, mas, sem dúvida nenhuma, com a ajuda da filosofia.[4]

É exatamente isso que Georges Politzer diz quando define a filosofia como "uma concepção geral do mundo da qual decorre uma forma de agir".[5] No caso, o pensamento filosoficamente constituído é uma forma coerente e sistematizada de compreender o mundo, possibilitando, consequentemente, um modo coerente e articulado de agir.

Todos têm uma forma de compreender o mundo, especialistas e não especialistas, escolarizados e não escolarizados. Ela é uma neces-

---

4. Basbaum, Leôncio. Op. cit., p. 21.
5. Politzer, Georges. *Princípios fundamentais de filosofia*. São Paulo: Hemus, 1979. p. 15.

sidade para o ser humano, pois ninguém age nem pode agir sem saber "para onde" e "por que" vai. Só se pode viver e agir a partir de um entendimento do sentido e do significado do mundo e da realidade. Pertence à racionalidade humana buscar um sentido para sua vida e sua forma de agir. Todos vivem a vida com um significado, e muitos a buscam, criticamente. Isso independentemente de tendências e credos.

Esse fato é tão verdadeiro que, de um lado, encontramos obras filosóficas, construídas historicamente, por pensadores das mais variadas tendências; de outro lado, encontramos todas as pessoas procurando um sentido para suas vidas. Vivemos e agimos a partir de um sentido, que normalmente se coloca como uma finalidade à nossa frente.

Arcângelo Buzzi expressa, em seu livro *Introdução ao pensar*, a universalidade de a filosofia ser necessária para a vida humana da seguinte forma:

> [...] consciente ou inconscientemente, explícita ou implicitamente, quem vive possui uma filosofia, uma concepção do mundo. Esta concepção pode não ser manifesta. Geralmente, ela se aninha nas estruturas inconscientes da mente. De lá, ela comanda a vida, dirige-lhe os passos, norteia a vida. A vida concreta de todo o homem é, assim, filosofia. O campônio, o operário, o técnico, o artista, o jovem, o velho, vivem todos de uma concepção do mundo. Agem e se comportam de acordo com uma significação inconsciente que emprestam à vida. Neste sentido, pois, pode-se dizer que todo homem é filósofo. Não podemos, porém, dizer que todo homem é filósofo no sentido usual da expressão.[6]

De fato, todos vivem a partir de um direcionamento significativo do mundo e da vida, mas nem todos poderão ser chamados de filósofos; nem certa significação inconsciente que dá alguma direção para o agir cotidiano das pessoas pode ser chamada propriamente de filosofia. O que se pode dizer, com propriedade, é que todos vivem a partir

---

6. Buzzi, Arcângelo. *Introdução ao pensar*. Petrópolis: Vozes, 1973. p. 8.

de significações, seja de forma mais consciente, seja de forma menos consciente. Contudo, a filosofia propriamente dita é tão somente uma forma consciente e crítica de pensar e de agir. A última frase de Arcângelo Buzzi lembra bem esse fato; genericamente, todos são filósofos porque vivem significações; especificamente, alguns são filósofos porque estudam, refletem e vivem significações.

A filosofia como forma consciente e crítica de compreender o mundo e a realidade não se confunde, de forma alguma, com o fato de estar "investido" inconscientemente de valores adquiridos a partir do "senso comum". O próprio Arcângelo Buzzi acrescenta ao entendimento anterior o seguinte:

> A palavra filósofo ficou reservada para aqueles que consciente e deliberadamente se põem a filosofar. Escolhem um todo, sistematizam os conhecimentos obtidos, arquitetam um sistema interpretativo da realidade. Filósofo é, então, aquele que diz em conceitos e em linguagem apropriados a experiência do ser. Os conceitos e linguagem não estão à margem do vivido. A filosofia vazada na linguagem conceitual é profundamente solidária com a vida, com a existência. Ela marca o desejo, a ânsia que o homem tem de elucidar a sua circunstância existencial.[7]

Deste modo, o ideal da filosofia não será, de modo algum, manifestar-se como uma forma inconsciente de compreender e orientar a ação; o seu objetivo, pelo contrário, é ser um modo consciente e crítico de pensar e direcionar a vida. Quanto mais consciente e livre for o ser humano, a partir da própria circunstância social e histórica em que vive, tanto mais coerente e sistemática será a sua filosofia. O fato de se ter um comprometimento inconsciente com valores que deem sentido e direcionem a vida, do ponto de vista filosófico, só tem o mérito de nos demonstrar que não se pode passar a vida sem estar envolvido com os princípios fundamentais da ação. O pensar em nível de senso comum, para vir a ser filosofia, deverá ganhar outro patamar de criticidade, coerência. A filosofia possui um patamar de reflexão comple-

---

7. Idem, p. 9.

tamente diferente daquele que possui o senso comum. Para compreender isso, basta recordar o que já estudamos em capítulo anterior sobre esse tipo de conhecimento.

Antonio Gramsci — pensador italiano — nos alerta para o fato de que produzir a crítica da forma comum e cotidiana de pensar torna-se uma necessidade para a construção de uma compreensão filosófica no seu verdadeiro sentido. Ele nos diz:

> Criticar a própria concepção de mundo, portanto, significa torná-la unitária e coerente e elevá-la até um ponto atingido pelo pensamento mundial mais desenvolvido. Significa, portanto, criticar, também, toda a filosofia existente até hoje, na medida em que ela deixou estratificações consolidadas na filosofia popular.[8]

O objetivo da filosofia e do seu exercício, para Gramsci, é que se busque elevar a compreensão do senso comum para uma compreensão elaborada, possibilitando a construção de uma "concepção de vida superior".[9]

Aqui cabe perguntar qual é o objeto primeiro da reflexão filosófica. Vimos falando e dizendo que ela se constitui em um tipo de conhecimento que dá sentido e orienta a vida humana. Todavia, como ela faz isso, e a partir do quê?

A filosofia tem por objeto de reflexão os sentidos, os significados e os valores que dimensionam e norteiam a vida e a prática histórica humana. Nenhum indivíduo, nenhum povo, nenhum momento histórico vive e sobrevive sem um conjunto de valores que significam a sua forma de existência e sua ação. Não há como viver sem se perguntar pelo seu sentido; assim como não há como praticar qualquer ação, sem que se tenha que perguntar pelo seu sentido próprio, pela sua finalidade. É claro que alguém poderá viver pelo senso comum, entranhado em seu inconsciente, sem se perguntar cons-

---

8. Gramsci, Antonio. *Concepção dialética da história*. Rio de Janeiro: Civilização Brasileira, 1978. p. 12.

9. Idem, p. 20.

cientemente pelo seu efetivo significado. Já falamos nisso, porém essa não é uma conduta filosófica, como já temos reiterado anteriormente. A filosofia e o exercício do filosofar implicam uma pergunta explícita e consciente pelo sentido e significado das coisas, da vida e da prática humana.

Sobre isso, o padre Vaz nos diz:

> A filosofia é a resposta que uma sociedade traz à dupla exigência de refletir criticamente e de se explicar teoricamente quanto aos valores e representações que tornam inteligíveis, ou pelo menos aceitáveis, para os indivíduos que nela vivem um modo de ser, isto é, um modo de viver e de morrer, de imaginar e de conhecer, de amar e de trabalhar, de mandar e de obedecer etc., que constitui o legado da tradição, e que os indivíduos devem assumir e, de fato, já assumiram antes mesmo de poder responder por ele, ou justificá-lo diante da própria razão.[10]

Ou seja, a filosofia trata dos fundamentos últimos que dão sentido ao existir humano na história. Não se faz ciência nem educação, não se faz economia nem religião, não se faz política nem se vive familiarmente, não se ama nem se odeia, não se é honesto nem desonesto, assim como não se praticam todas as outras atividades e condutas humanas sem buscar o seu sentido.

Para aprofundar esse entendimento da filosofia, vamos nos valer da citação do pensamento de alguns autores.

> Os filósofos exprimem sempre, em cada instante — nos alerta Leôncio Basbaum — o pensamento de um grupo social, classe ou povo a que pertencem. Eles são os teoristas, os que explicam e interpretam os seus desejos, as tendências e as reivindicações desses grupos, classes ou povos.[11]

O ato de filosofar versa sobre o ato de viver — escreve Arcângelo Buzzi. A filosofia é história. Por outro lado, isso não significa que a história, que o puro viver seja anterior à filosofia. Não há anterioridade da fi-

---

10. Vaz, Henrique Lima. A filosofia do Brasil, hoje. *Cadernos da Seaf*, 1978, v. 1, n. 1, p. 7.
11. Basbaum, Leôncio. Op. cit., p. 53.

losofia sobre a história nem da história sobre a filosofia. O ato de viver já está posto na percepção do ser, a vida é filosofia. Ao filósofo só resta extrair essa filosofia, dizer o pensamento pressuposto de um tal viver, indicar a partir de qual horizonte, de qual dimensão, um tal viver se constitui.[12]

As ideias ou os princípios dos homens — nos diz G. Plekhanov — provêm da experiência, quer se trate de princípios especulativos, quer dos princípios práticos ou princípios de moral. Os princípios morais variam segundo os tempos e os lugares. Quando os homens condenam uma determinada ação é porque ela os prejudica; quando a enaltecem, é porque ela lhes é útil. O interesse (não o interesse pessoal, mas o interesse social) determina, assim, os julgamentos do homem no domínio da vida social.[13]

Sendo a filosofia a interpretação da experiência humana no aqui e agora, da experiência histórica dos indivíduos e dos povos, ela é também orientação para o futuro da vida em sociedade. É isso o que nos diz Basbaum no texto que se segue:

> A filosofia é a concretização de um espírito ou de uma ideia que surge como consequência das necessidades de uma época ou uma classe, em geral de ambas as coisas. Ela se encarrega de justificar este espírito pela experimentação ou pela razão, no sentido de demonstrar a verdade desse conceito. É seu papel, ainda, difundi-la e propagá-la. Sofrendo a influência da história, ela se encarrega de, por sua vez, influenciar e orientar o curso da história de acordo com o interesse dos inventores ou criadores e propagadores dessas ideias.[14]

Desta maneira, a filosofia não é tão somente a interpretação do "já vivido" ou "daquilo que se está vivendo", ela é também, e principalmente, interpretação das aspirações e anseios dos povos, na medida em que a filosofia se destina a estabelecer fundamentos e direcionamentos para a "práxis".

---

12. Buzzi, Arcângelo. Op. cit., p. 126.
13. Plekhanov, G. *Concepção materialista da história*. Rio de Janeiro: Paz e Terra, 1977. p. 20.
14. Basbaum, Leôncio. Op. cit., p. 315.

Aqui, a filosofia manifesta-se como impulsionadora da ação, tendo em vista a concretização de determinadas aspirações dos seres humanos, de um povo ou de um agrupamento humano. Nesse sentido, ela é uma força mobilizadora da ação, é o sustentáculo de um modo de agir. Aliás, esta é a ideia que vimos apresentando como compreensão do que seja a filosofia.

> A filosofia, como já dissemos [confirma Basbaum —], não é apenas um instrumento para a compreensão do mundo e interpretação dos seus fenômenos. É também um instrumento de ação, uma arma política e, como tal, tem sido utilizada, em todos os tempos, consciente ou inconscientemente.[15]

Em síntese, podemos afirmar que a filosofia é uma forma crítica e coerente de pensar o mundo, produzindo um entendimento de seu significado, formulando, dessa forma, uma concepção geral desse mundo, uma cosmovisão da qual decorre uma forma de agir. A filosofia, por meio da compreensão que produz, constrói uma fonte permanente e crítica da significação e direcionamento da "práxis".

O exercício do filosofar é importante, como temos visto, e implicará que cada um de nós, individual e coletivamente, que deseja refletir filosoficamente, tome em suas mãos as significações corriqueiras da existência humana e lhes dê uma significação crítica e consciente. Esse será o assunto do nosso próximo capítulo, quando estaremos discutindo a questão metodológica do exercício do filosofar.

---

15. Idem, p. 33.

Capítulo 5

Origem e formação das ideias filosóficas: questões metodológicas e históricas

Compreender como as ideias filosóficas surgiram, de onde vieram e como se desenvolveram, constituiu-se, ao longo do tempo, em sério problema para pensadores e estudiosos.

A tarefa torna-se mais difícil na medida em que tentamos acompanhar a trajetória de uma ideia, desde a sua elaboração até a sua vigência, em razão da trama das relações sociais e históricas nas quais ela está inserida.

Acresce-se a isso a intenção de compreender o que determinadas ideias significaram para um dado momento, assim como as razões pelas quais algumas dessas ideias foram aceitas e outras, rejeitadas.

Para tentar algum desvendamento dessas questões, pelo menos duas temáticas terão que ser tratadas. De um lado, temos que nos dedicar a entender a questão metodológica do exercício do filosofar e, por outro lado, compreender a constituição histórica dessas ideias, ou, mais precisamente, suas articulações com a sociedade e a época em que emergiram.

Neste capítulo, vamos avançar um pouco sobre as discussões efetivadas no capítulo anterior, no sentido de que, lá, elucidamos um conceito de filosofia e, aqui, vamos discutir a questão de como as ideias filosóficas são criadas metodologicamente e de como elas se manifestam em suas articulações histórico-sociais. Por esta razão, colocamos no título deste capítulo os termos "origem" e "formação das ideias", querendo, com isso, indicar que pretendemos discutir a origem e a formação das ideias tanto do ponto de vista de sua origem e elaboração formal, como discuti-las do ponto de vista de sua origem e formação articuladas com a história e a sociedade. Em síntese, vamos discutir a emergência individual e a emergência coletiva das ideias filosóficas.

No capítulo anterior tivemos a oportunidade de verificar o quanto a sociedade, por diversos mecanismos — tais como considerar a filosofia "castelo de ideias", "saber para poucos" etc. — tenta tornar a filosofia um saber inútil. No entanto, pudemos constatar que esta é uma forma de tentar subtrair o significado da filosofia, exatamente para reduzir o seu potencial crítico.

De fato, o saber filosófico trata do cotidiano dos seres humanos em sociedade, buscando investigar o seu sentido e o seu papel. Desse modo, quando trata dos assuntos e temas, mesmo da forma mais abstrata, tem articulações e fundamentação na realidade concreta e só faz sentido como um saber que se voltará para o concreto, oferecendo-lhe, sob a forma de visão do mundo, um direcionamento para a *práxis*.

E, sendo uma concepção de mundo, a filosofia cumprirá bem o seu papel de norteadora da *práxis* humana, na medida em que ultrapasse os limites individuais de autores e estudiosos acadêmicos e dê forma ao modo de pensar e de ser da multidão, das grandes massas. O poder do pensamento filosófico está na possibilidade de direcionar o sentido e o significado do cotidiano da coletividade social.

É dentro desse quadro que desenvolveremos este capítulo.

1. A questão do método em filosofia

1.1 Exemplos históricos do exercício do filosofar

A questão metodológica do conhecimento tem sido tratada, de maneira relevante, em todos os campos da construção do saber. A ciência moderna tem, permanentemente, discutido essa questão, imprimindo-lhe um valor decisivo, e a filosofia, por sua vez, ao longo de sua história, vem praticando diferentes sistemáticas de construção de suas ideias.

Garcia Morente nos diz, em seu livro *Fundamentos de filosofia*, que foi a partir do século VI a.C., com Sócrates, que surgiu a prática sistemática do filosofar com o surgimento de um método em filosofia.[1]

O modo de exercitar o filosofar em Sócrates continha duas partes: a primeira denominava-se "ironia", que, em grego, possui o significado de *perguntar* e que tinha por objetivo questionar o *entendimento comum* que os interlocutores de Sócrates tinham dos fenômenos, fatos e acontecimentos do dia a dia individual e coletivo. O seu filosofar era feito por meio do diálogo com diversos interlocutores e o objetivo era fazer com que esses interlocutores chegassem à verdade, fazendo-a emergir de dentro de si mesmos. Para isso, era preciso questionar os entendimentos comuns que encobriam a verdade. Então, a "ironia" era a forma pela qual ele, no diálogo, ia questionando o interlocutor até sentir que os seus entendimentos do mundo e da realidade eram muito frágeis.

O segundo passo do exercício do filosofar, para Sócrates, era a "maiêutica", palavra grega que significa *parto*. Sócrates dizia ter herdado esse processo de sua mãe, que era parteira. Enquanto essa trabalhava para que as mulheres dessem à luz filhos físicos, ele trabalhava para que seus interlocutores dessem à luz ideias verdadeiras, conceitos universais. A pretensão de Sócrates era chegar à verdade, que se compunha de um mundo de conceitos universais, coerentes e moralmente honestos. O objetivo último do filosofar — pelo meio do diálogo irônico e maiêutico — era buscar a verdade universal, verdade essa que, por ser verdade, direcionaria a prática moral dos seres humanos.

Platão, que foi discípulo de Sócrates, modificou o método do mestre, chegando a uma dialética. O que significa a dialética platônica,

---

1. Cf. Garcia Morente, Manuel. *Fundamentos de filosofia*. São Paulo: Mestre Jou, 1976. p. 41.

como método de filosofar? Significa a retomada da maiêutica socrática, acrescentando a contraposição, em que as intuições vão sendo contrapostas até que se chegue a um ponto mais aproximado das essências ideais. Seria o modo pelo qual o entendimento iria do mundo sensível para o mundo das ideias, que, em Platão, é o mundo das essências e, por isso mesmo, o mundo do verdadeiro.

Em Aristóteles, o exercício do filosofar caminhou pelo exercício lógico. Ele procedia por meio do encadeamento de proposições lógicas, ou seja, de raciocínio dedutivo, tendo em vista chegar à verdade. Aristóteles formulava, inicialmente, proposições universais que eram assumidas como verdadeiras e, a partir daí, deduzia tantas outras proposições coerentes com a primeira, de tal forma que se a primeira (a premissa) fosse verdadeira, todas as que dela fossem deduzidas, também, seriam verdadeiras. É um método de filosofar que vai das considerações genéricas para as específicas.

Na Idade Média, há uma retomada das formas de filosofar da antiguidade grega. Santo Agostinho retoma, em parte, a perspectiva socrática e platônica da busca da verdade dentro de si mesmo. Para ele, a verdade está dentro de cada um, em sua alma. Então, há que dialogar consigo mesmo para, na alma, encontrar a verdade eterna, que é Deus. Daí por que Santo Agostinho possui uma obra que se intitula *Soliloquium*, que nada mais quer dizer do que o diálogo consigo mesmo. O diálogo de cada um com sua alma, tentando descobrir, no íntimo dela, a própria verdade, que, para ele, coincidia com Deus.

De outro lado, Tomás de Aquino retomou os recursos metodológicos de Aristóteles, tendo sempre, por objetivo, constituir uma verdade universal da qual se deduziriam outros tantos argumentos que seriam verdadeiros. Procedeu sempre por um *suposto debate* entre opositores.

As teses, que estão desenvolvidas em seus escritos — e são muitíssimas —, procedem mais ou menos da forma como se descreve a seguir. Em primeiro lugar, apresenta uma proposição em forma duvidosa. Por exemplo: "Parece que Deus é verdadeiro". Ele não diz, de início, que Deus é verdadeiro, mas sim que "parece" que ele é verdadeiro. A seguir, esclarece o que está querendo entender com essa proposição e chama a isso de cabeça (*caput* em latim) da tese. Subsequentemente, elenca os argumentos tanto daqueles que se opõem à afirmação de que Deus é verdadeiro quanto daqueles que concordam com a ideia de que Deus é verdadeiro. No quarto passo do método, discute os acertos e os erros tanto das afirmações a favor como das afirmações contra a proposição, chegando, evidentemente, a uma conclusão, conclusão essa que, sempre, é apresentada como a afirmação da proposição inicial sob o seu aspecto positivo. O que parecia ser uma dúvida passa a ser uma verdade. Então, aí está a verdade. Agora, basta deduzir outras verdades dessa que fora *demonstrada*. Produzem-se, então, os *corolários*, como verdades deduzidas da conclusão e os *escólios*, que são discussões de temas que podem estar articulados com a conclusão. Portanto, Tomás de Aquino utiliza-se de uma aparente *disputa* entre opositores, para chegar a uma conclusão, que admite como verdadeira e que, por isso, lhe possibilita deduzir consequências logicamente encadeadas. De fato, o autor age a partir de uma suposta dúvida que, desde o início, era uma certeza para ele.

Na Idade Moderna, a partir das considerações e proposições de Descartes, a questão metodológica passou a assumir papel fundamental tanto para a filosofia como para a ciência (denominada moderna). A sociedade moderna emergiu, necessitando de novos métodos do conhecer, devido ao fato de o conhecimento tornar-se para ela questão capital, tendo em vista a obtenção de novos mercados e a conquista de novos espaços geográficos. "Conhecer é poder", afirma Francis Bacon, em seu livro *Novum organon*, escrito no século XVII.

O recurso metodológico proposto por Descartes é a *dúvida metódica* sobre todas as afirmações, até encontrar um *ponto de apoio*, a partir do qual as afirmações, as verdades, poderiam ser assumidas como fundamentadas. Não se poderia acreditar pura e simplesmente em afirmações universais que não fossem demonstradas a partir de um ponto de apoio que não pudesse ser questionado. Esse ponto de apoio seria a única certeza possível, ao qual se chegaria depois de duvidar de todas as coisas. Essa certeza, para ele, se resumiria em uma intuição de que "enquanto estivesse duvidando, teria a certeza de que estava existindo". É a famosa intuição de Descartes, apresentada tanto na obra *O discurso do método* como nas *Meditações metafísicas*, sob a fórmula: *cogito, ergo sum*. A partir dessa certeza, metodologicamente investigada, poderia ele, como poderiam outros, avançar para a construção de um sistema de entendimento do mundo, com correção e objetividade, sem os fantasmas dos conhecimentos abstratos, anteriormente estabelecidos (antigos e medievais). Descartes, desse modo, coloca o sujeito do conhecimento no centro do processo de conhecer.

O método tornara-se tão importante na modernidade que Garcia Morente chega a afirmar que antes, na Antiguidade e na Idade Média, tendo-se obtido a intuição, desenvolvia-se o processo metodológico de construção do conhecimento, mas que, agora, na modernidade, o método é instrumento para se obter a própria intuição ou o entendimento.[2]

Na verdade, é o próprio processo de conhecimento que toma uma nova direção, ao compreender o papel do sujeito no ato de conhecer. Com isso, as verdades estabelecidas sofrem um descrédito e o mundo, como dado, passa a ser questionado.

Poderíamos prosseguir por essa trilha, buscando expor como outros autores do pensamento moderno e contemporâneo encaminharam a questão do método no conhecer, especialmente no conhecer filosófico, que é o tema que por ora nos interessa. Porém, vamos interromper essa saga e tentar explicitar um caminho metodológico que consideramos significativo para o exercício do filosofar, que todos nós podemos e devemos praticar.

1.2 Um caminho para o exercício do filosofar

A proposta metodológica para o filosofar que vamos apresentar a seguir está basicamente fundamentada nas proposições de Antonio Gramsci, no livro *Concepção dialética da história*. Aí, o autor demonstra

---
2. Idem, p. 42.

que popularmente todos são filósofos, na medida em que todos pensam, ainda que fragmentariamente. Para ele, porém, é preciso elevar esse entendimento a um patamar coerente e orgânico, para que efetivamente ele possa ser denominado crítico. Patamar esse que é propriamente o patamar do pensamento filosófico, sistemático, orgânico e coerente.

Dissemos, em capítulo anterior, que a filosofia é uma forma crítica de ver o sentido e o significado do mundo e das coisas e que direciona a vida dos indivíduos e das coletividades.

Mas, como se opera o processo pelo qual se chega a essa concepção de mundo?

A partir das colocações de Gramsci,[3] podemos dizer que são três os passos que deveriam ser dados para se sair do entendimento comum e chegar ao entendimento crítico do sentido do mundo.

Todos nós agimos, no dia a dia, por um entendimento fragmentário e, muitas vezes, incoerente sobre o mundo, a ação e as coisas. Porém, na medida em que é senso comum, é um entendimento que nasceu da vivência espontânea e não de uma elaboração crítica. Há, pois, necessidade de avançar para o nível crítico. É essa a trilha que Gramsci propõe como caminho para o pensamento filosófico.

Em primeiro lugar, Gramsci nos faz acreditar que é fundamental assumir que todos os seres humanos são filósofos, no sentido de que todos pensam, como dissemos anteriormente. Ele nos diz:

> Deve-se destruir o preconceito, muito difundido, de que a filosofia seja algo muito difícil pelo fato de ser a atividade intelectual própria de uma determinada categoria de cientistas especializados ou de filósofos especializados e sistemáticos. Deve-se, portanto, demonstrar, preliminarmente, que todos os homens são "filósofos", definindo os limites e as características desta "filosofia espontânea", peculiar a todo mundo.[4]

---

3. Essa perspectiva de que são três os passos do processo do filosofar pode, de certa forma, ser encontrada também em Nietzsche, ao abordar a destruição e a emergência de novos valores; ver também Gerd Bornheim. *Introdução à filosofia*. Porto Alegre: Globo, 1971.

4. Gramsci, Antonio. *Concepção dialética da história*. Rio de Janeiro: Civilização Brasileira, 1978. p. 11.

Filosofia essa que se manifesta nas condutas cotidianas, no senso comum, na linguagem de um povo ou de um determinado grupo social.

Mas o próprio Gramsci considera que esse nível de entendimento filosófico é insatisfatório para o direcionamento da vida humana. Por isso, admite a necessidade de se saltar do nível do senso comum para um nível crítico de pensamento. E, então, nos diz:

> Após demonstrar que todos são filósofos, ainda que a seu modo, inconscientemente (porque, inclusive na mais simples manifestação de uma atividade intelectual qualquer, na "linguagem", está contida uma determinada concepção de mundo), *passemos ao segundo momento*, ao momento da crítica e da consciência, ou seja, ao seguinte problema: é preferível "pensar", sem disto ter consciência crítica, de uma maneira desagregada e ocasional, isso é, "participar" de uma concepção de mundo imposta mecanicamente pelo ambiente exterior..., ou é preferível elaborar a própria concepção de mundo de uma maneira crítica e consciente e, portanto, em ligação com este trabalho próprio do cérebro, escolher a própria esfera de atividade, participar ativamente da produção da história do mundo, ser o guia de si mesmo e não aceitar do exterior, passiva e servilmente, a marca da própria personalidade?[5]

Assim, não basta reconhecer que todos somos filósofos, que cada uma das pessoas que compõem as camadas de uma sociedade tem uma filosofia. Trata-se disso também. Porém, muito mais que isso, trata-se de constituir um pensamento filosófico, que ultrapasse os limites da espontaneidade cotidiana do povo. O papel dos intelectuais, definidos por Gramsci como dirigentes orgânicos, é trabalhar para a elevação do patamar de entendimento cotidiano a um nível crítico de compreensão e de conduta dentro da sociedade. Não há que se impor uma nova concepção de mundo sobre a existente no cotidiano, mas há que se elevar a concepção comum ao nível crítico. Essa elevação se fará a partir do que ela tem de "bom senso", que nada mais é do que o

---

5. Idem, p. 12.

núcleo válido do senso comum. Assim sendo, a filosofia não será uma reunião de regras e "bem-dizeres" populares, mas sim uma forma de pensamento que tem uma continuidade com o cotidiano, porque dele toma sua temática de reflexão, mas, que, ao mesmo tempo, também, rompe com ela na medida em que eleva-o para um patamar completamente novo de compreensão. Um patamar crítico.

Porém, como chegar a esse nível de entendimento?

Gramsci vai apontando, aqui e acolá, esse processo. Em primeiro lugar, ele diz que importa tomar consciência dos princípios do senso comum, que dimensionam nossa existência individual e coletiva.

> O início — diz ele — da elaboração crítica é a consciência daquilo que somos realmente, isto é, um "conhece-te a ti mesmo" como produto do processo histórico até hoje desenvolvido, que deixou em ti uma infinidade de traços recebidos sem benefício do inventário. *Deve-se fazer inicialmente este inventário.*[6]

O inventário do senso comum é necessário, pois que é por ele e a partir dele que se pode iniciar o processo crítico do próprio entendimento do mundo e de subsequente formulação de um patamar de entendimento elaborado. Para tornar crítico e coerente o próprio pensamento, é preciso saber qual o pensamento que se possui. Assim sendo, o primeiro passo do filosofar é identificar os princípios do senso comum que dão sentido e razão de ser à nossa existência.

Feito isso, há que dar um passo à frente.

O inventário, pelo qual se inicia o filosofar, revelar-nos-á uma concepção de mundo insatisfatória e, para se chegar ao nível de filosofia crítica, deverá ser superada. Este inventário é insuficiente para manifestar-se como filosofia propriamente dita.

> O problema é o seguinte — nos diz Gramsci —: qual é o tipo histórico de conformismo e do homem-massa do qual fazemos parte? Quando a concepção do mundo não é crítica e coerente, mas ocasional e

---

6. Op. cit.

fragmentada, pertencemos, simultaneamente, a uma multiplicação de homens-massa, nossa própria personalidade é composta de uma maneira bizarra: nela se encontram elementos dos homens da caverna e princípios da ciência mais moderna e progressista: preconceitos de todas as fases históricas passadas, grosseiramente localistas e intuições de uma futura filosofia que será própria do gênero humano, mundialmente unificado.[7]

Esse inventário, que demonstra uma situação espontânea e fragmentária, onde existem elementos positivos e negativos da cultura, deverá ser crivado e transformado pela crítica. Então se dá o segundo passo do exercício do filosofar, que é produzir uma crítica sistemática da concepção fragmentária, ingênua e contraditória do mundo.

Criticar a própria concepção de mundo, portanto, significa torná-la unitária e coerente e levá-la até o ponto atingido pelo pensamento mundial, mais desenvolvido. Significa, portanto, criticar também toda a filosofia até hoje existente, na medida em que ela deixou estratificações consolidadas na filosofia popular.[8]

A crítica da concepção comum de entendimento do mundo conduz, obrigatoriamente, ao terceiro passo do exercício do filosofar, que nada mais é do que o resultado do segundo: a construção de um entendimento coerente, orgânico e sistemático de compreender a realidade.

Essa tarefa é séria e exige ser desempenhada a partir de um compromisso com a busca da verdade. Verdade a partir de quê? Alcançada com que critérios? Este processo de construção do patamar, crítico de concepção do mundo inicia-se por aquilo que se encontra no cotidiano do próprio ser humano, ou seja, de sua realidade concreta, de suas aspirações, de seus desejos, de suas necessidades coletivas e individuais. A verdade filosófica é o desvelamento dos sentidos e significados que o ser humano necessita dar à sua vida, individual, prática, coletiva.

---

7. Op. cit.
8. Op. cit.

Dessa forma, a filosofia — no dizer do padre Vaz — erige-se em um "Tribunal da Razão", que faz passar diante de si todos os valores e representações que dão significado à existência humana em um determinado momento da história. Quando os sentidos e os significados do cotidiano já não dão mais conta de compreendê-lo, explicá-lo e direcioná-lo é porque eles estão em crise e merecem reavaliação. Daí o exercício do filosofar ser um permanente exercício de crítica aos valores e aos sentidos que se tornaram senso comum.

Com os passos anteriormente especificados, Gramsci propõe que a filosofia parta da experiência vivida, do cotidiano, seus desejos e aspirações, criticando-a e transformando-a em uma forma coerente de compreensão e entendimento.

A filosofia é um entendimento crítico da realidade, sempre em processo, *inventariando, criticando e reconstruindo* os próprios princípios. É, desse modo, um processo permanente de crítica dos valores, sentidos e significados da existência, da realidade, do mundo, da ação e da vida.

Cada um de nós, individualmente, poderá e deverá proceder permanentemente a esse exercício, se não pretendemos permanecer no nível do entendimento cotidiano, espontâneo, ingênuo e fragmentário. Esse exercício do filosofar não é tão complicado, como poderia parecer. Ele é até muito simples. Mas, para tanto, é preciso atenção permanente e esforço crítico, chegando, inclusive, à necessidade de uma aproximação com a filosofia sistemática, com os filósofos.

Os pensadores clássicos não podem ser desconsiderados, pois que foram eles que, ao longo do tempo, desenvolveram essa exercitação permanente de criticar os sentidos e significados vigentes e comuns do seu tempo, tentando elevar a cultura e o conhecimento para um patamar novo. Temos muito a aprender com eles, seja quanto aos métodos da reflexão filosófica, seja, principalmente, quanto aos conteúdos de entendimento do mundo e da vida.

Sócrates, Platão, Aristóteles, Santo Agostinho, Tomás de Aquino, Descartes, Kant, Hegel, Marx, Sartre, e tantos outros — são milhares os nomes dos filósofos — fizeram esse caminho no seu processo de contribuição para o legado cultural da humanidade.

Historicamente, esse foi o caminho do filosofar. E esse é o caminho metodológico que está posto para o nosso pessoal exercício do filosofar.

Esse, também, foi o caminho do filosofar que as épocas históricas seguiram. O pensamento mitológico grego foi substituído pelo pensamento racional, exatamente a partir da crítica àquele pensamento feito pelos pensadores da época, sistematizando as aspirações dos grupos humanos daquele momento. Do mesmo modo ocorreu com a passagem do pensamento antigo para o medieval; do medieval para o moderno; do moderno para o contemporâneo... e assim por diante.

Então, o nosso esforço pessoal de exercitar o filosofar será a forma pela qual nós vamos tomar em nossas mãos os sentidos e as significações do mundo em que vivemos, analisando-os, criticando-os e, consequentemente, tornando-os "explicativas" para a nossa existência individual e coletiva.

Com ato semelhante, estamos nos somando às ondas daqueles que tentam captar e explicitar criticamente as aspirações de determinados grupos humanos e de determinados momentos históricos. A reflexão filosófica é produzida individualmente, mas ela reflete o universal da época e da sociedade em que vive o pensador.

2. Filosofia e história

2.1 Origem das ideias

Como vimos, a filosofia é uma atividade de crítica e de análise dos valores de uma dada sociedade, na perspectiva de reorientação dos sentidos e dos significados da vida e do mundo. Dessa forma, cada sociedade, em seu tempo, exercita essa prática, o que implica dizer que a filosofia é temporal e espacial, ou, simplesmente, histórica.

É comum existir, em um dado momento histórico, várias concepções filosóficas, ou seja, coexistem diferentes maneiras de entendimento e de explicações do mundo. Contudo, certamente existirá uma que terá a hegemonia sobre as demais, na medida em que ela responder melhor aos anseios e às aspirações do grupo humano e da época. Importa-nos saber o que determina a vigência de uma proposta filosófica diante de várias outras. A pergunta, propriamente, seria: que fator faz com que uma proposta filosófica se sobreponha a outras?

Para isso, é fundamental entendermos que o problema se inicia pela própria constituição do ser humano. Resultante de um processo de relações ativas entre a sua individualidade e os condicionamentos advindos da sociedade, bem como da natureza, o ser humano caracteriza-se como dialético e em constante devir. Agindo continuamente sobre a realidade, transforma-a, transformando-se a si mesmo, criando-se. Na medida em que o ser humano, pela sua atividade, cria novos espaços e abre novos horizontes — que, por sua vez, acarretam novas necessidades, novos anseios e exigem outros caminhos — também dá a si mesmo novos horizontes de vida e de ação. O ser humano, enquanto age, está se fazendo um novo ser humano, com novas perspectivas, novos instrumentos de ação, nova forma de vida. Por isso, é histórico. Pela ação, é condicionador de transformações, assim como sofre as interferências condicionantes do próprio mundo que criou. Em seu modo de ser e em sua ação, o ser humano exprime as exigências da época histórica e do espaço onde existe; época histórica e espaço criados por ele de forma social e coletiva.

Pois bem, é o movimento histórico, constituído por lutas voltadas para atender às suas necessidades de sobrevivência e de liberdade, que indicará a concepção filosófica mais significativa e que predominará em um dado momento da história humana.

Nisso, vale ressaltar que o fator econômico, como se pode deduzir do que dissemos anteriormente, tem um papel importante. Considerando que as relações de produção, dentro de uma sociedade, condicionam todas as demais relações, a estrutura econômica atua condicionando os elementos da supraestrutura cultural e espiritual da sociedade, de tal forma que as suas transformações geram transformações nas relações sociais, nas aspirações e nos desejos da sociedade.

Ao somatório de exigências vigentes em um determinado momento, emergidas e condicionadas por um determinado tempo e pelos determinismos da natureza, Leôncio Basbaum denomina "espírito de época", que orientará e alimentará as ideias de uma sociedade situada em espaço e tempo específicos.

> O espírito de época — nos diz o autor — é o conjunto das aspirações, das ideias gerais, dos anseios e reivindicações de um grupo, de uma classe ou de um povo, em determinado momento de sua história.[9]

Dito isso, vemos que as ideias que vigoram em uma época não são ideias geradas individualmente por um ou outro filósofo, mas sim ideias que expressam as aspirações do tempo e do espaço em que viveu aquele filósofo. A vigência de uma filosofia não se funda no filósofo em si mesmo, mas sim no fato de ele conseguir expressar, de forma sintética, anseios e aspirações de um determinado momento. O filósofo profissional, de certa forma, seria aquele que conseguiria captar e expressar, de forma organizada, aquilo que a sociedade em que ele vive gostaria de expressar. O fato de ele "dizer" o que todos sentem, faz com que o seu pensamento ganhe vigência.

Podemos dizer que essas ideias manifestadas e aceitas refletem uma tomada de consciência coletiva, pois representam, mesmo por meio de sistematização e explicitação de alguns ou de um único filósofo, o desejo e o pensamento de todos.

Desse modo, o filósofo, na medida em que vive em um determinado tempo e em uma determinada sociedade, manifesta ter tido uma

---

9. Basbaum, Leôncio. *Sociologia do materialismo*. São Paulo: Símbolo, 1978. p. 326.

sensibilidade suficiente para captar as aspirações e os anseios desse momento histórico e dessa sociedade.

2.2 Formação das ideias

Como nos indicou Leôncio Basbaum, todo pensar é um pensar contextualizado, circunstancializado. Existe, pois, uma estreita relação entre o pensamento e o momento histórico que o forjou.

Roberto Gomes, no seu livro *Crítica da razão tupiniquim*, nos diz que "por mais abstrato que possa parecer um pensamento, sempre traz em si as marcas do seu tempo e do seu lugar".[10]

Explicitamos, em passagem anterior, que o conceito de ser humano sofreu, ao longo do tempo, profundas transformações, a ponto de ser visto hoje como produto de um processo de relações ativas dentro da sociedade.

Cientes desse processo, torna-se compreensível o fato de não pensarmos da mesma forma e sobre as mesmas coisas que foram objetos de questionamentos de nossos antepassados, assim como se torna compreensível o fato de não querermos direcionar nossas condutas a partir de interpretações de outros momentos históricos. Isso dá a entender que existem divergências sobre a maneira como interpretamos o mundo e a maneira como nossos antepassados o interpretaram. Ainda pode haver, e normalmente há, diferenças de interpretação em um mesmo momento histórico a partir de um ponto de vista de classe que se assuma como fundamento da interpretação da realidade. Isso demonstra que há uma diferença, compreensível e justificável, entre diversas concepções filosóficas coexistentes em uma mesma sociedade.

É nessa perspectiva histórica (e, pois, dialética) que precisamos compreender o ser humano enquanto um ser que age sobre a realidade

---

10. Gomes, Roberto. *Crítica da razão tupiniquim*. São Paulo: Cortez, 1980. p. 22.

e a transforma, criando um mundo à sua medida, ou seja, que atenda às suas necessidades.

A relação entre o ser humano e a realidade caracteriza-se por uma interação em que não apenas ele age sobre ela, mas também recebe dela condicionamentos que influenciarão sua constituição, principalmente no que diz respeito à constituição de sua forma de ser e suas ideias. O ser humano, desse modo, é condicionado e condicionador da história. Condicionado, enquanto nasce em um mundo dado, objetivo, exterior a ele, determinando-o; e condicionador, devido ao fato de que esse mesmo mundo, que o condiciona, foi criado por ele, como ser coletivo e histórico. A realidade social é produzida e reproduzida pelo ser humano, ao tempo em que ele se produz e se reproduz.

O momento histórico, fator determinante na constituição do ser humano, é formado pelas lutas dele mesmo em busca da satisfação de suas necessidades. Tais necessidades, que, de início, são determinadas pela natureza, tornam-se, em seguida, orientadas de maneira social e nisso as forças produtivas exercem um papel de fundamental importância. Inicialmente, essas forças produtivas dão suporte à constituição da sociedade em classes e o consequente surgimento de interesses antagônicos entre elas; subsequentemente, ocasiona modificações nas relações sociais, nos valores, nas instituições.

Leôncio Basbaum assim explica:

> [...] a produção material dos homens, ou seja, as relações de trabalho, determinam as características sociais, a organização da família, a estrutura do Estado e todas as manifestações da supraestrutura social, como a religião, a arte e a cultura em geral.[11]

Desse modo, entendemos que o modo de produção da vida material é o responsável fundamental ou condicionador de toda a vida espiritual (entenda-se por espiritual a produção cultural da sociedade).

---

11. Basbaum, Leôncio. Op. cit., p. 220.

Assumindo a determinação básica que as relações econômicas exercem sobre as formas de consciência dos homens, ou seja, do estrutural sobre o supraestrutural, não podemos desconhecer a importância dos sentimentos e das ideias predominantes em um determinado tempo e espaço, como condutores e orientadores das práticas socialmente exercitadas. É a função das ideologias sobre as consciências e, concomitantemente, sobre a ação dos seres humanos em sociedade. As ideias adquirem certa autonomia e, por isso, podem ganhar força material.

Existe uma interação entre pensamento e ação, entre teoria e prática, uma orientando o "fazer" da outra, criando o espírito de época, que, por si, manifesta o "tom" daquele momento. É neste sentido que Gramsci afirma:

> A filosofia de uma época histórica, portanto, não é senão a história desta mesma época, não é senão a massa de variações que a classe dirigente conseguiu determinar na realidade precedente; neste sentido, história e filosofia são inseparáveis, formam um "bloco".[12]

Com isso, não podemos afirmar que o ser humano é apenas presente com o presente, pois sabemos que no presente se acha consolidado o passado e delineado o futuro.

Essa consciência histórica é imprescindível ao avaliarmos as posturas dos indivíduos em um dado momento do tempo, sem, contudo, perder de vista que cada época se acha envolvida por características próprias, peculiares à sua situação presente e que, vivendo essa realidade, o ser humano traduz em suas ideias e em seus atos as características daquele momento.

Para dirimir e consolidar essa realidade histórica, a natureza humana exerce um papel importante: sendo o homem um ser social, compulsoriamente passa a fazer parte de uma sociedade e a receber dela uma carga de valores que irá modelar o seu comportamento. Na

---

12. Gramsci, Antonio. Op. cit., p. 16.

infância, esses valores serão aceitos de forma espontânea, pela própria condição de imaturidade do indivíduo; em seguida, serão automatizados pelos condicionamentos sociais.

Apesar do que foi dito, a propagação de ideias requer determinadas condições. Para que uma ideia se propague, faz-se necessário um desgaste das anteriores a ponto de não mais representarem os interesses e aspirações do momento, e isso, como sabemos, é um processo lento, uma vez que é também de forma lenta que se acentuam os obstáculos gerados por antigas normas sociais.

Tomando as ideias como resultantes das relações do ser humano com o seu momento histórico e com o seu ambiente, torna-se inviável querer imprimir impositivamente qualquer ideia em qualquer tempo e em qualquer lugar, pois elas não ganharão vigência. Nenhuma sociedade se põe os problemas que ela ainda não pode resolver, nos diz Marx.

Qualquer que seja o nível do pensamento, seja no campo do senso comum, seja no campo científico ou no campo filosófico, ele é temporal e espacial, o que quer dizer que ele é constituído pelas preocupações de uma época; nasce e renasce impulsionado pelos acontecimentos objetivos do mundo e da sociedade em que se dá.

Capítulo 6

Caminhos históricos do filosofar: Idades Antiga e Média — as questões do ser, conhecer e agir

Neste e nos subsequentes capítulos, vamos nos dedicar a compreender como o ser humano aprendeu e exercitou a meditação filosófica, ao longo do tempo. Não vamos escrever uma história da filosofia. De forma alguma! Pretendemos, exclusivamente e de forma genérica, mostrar como a meditação filosófica se estabeleceu e se processou nos diversos períodos históricos. Mais do que oferecer dados históricos do pensamento filosófico, pretendemos sensibilizar o leitor para o ato de filosofar e seu exercício. Mais apropriadamente, aprender, com a história da filosofia, o exercício do filosofar.

O caráter deste livro é introduzir o leitor no exercício da meditação filosófica, por isso, interessa-nos mais a história da filosofia como exercício do filosofar do que a história da filosofia propriamente dita, ou seja, interessa-nos sentir como os pensadores trabalharam filosoficamente sobre as emergências do seu lugar e do seu tempo, compreender como chegaram a determinadas soluções criativas respondendo às necessidades emergentes de sua circunstância histórica. Especificamente, dedicar-nos-emos a algumas experiências do filosofar nos períodos denominados, tradicionalmente, de antigo e medieval, que, entendemos, poder nos auxiliar em nosso propósito de uma introdução ao exercício do filosofar.

Genericamente falando, poderíamos dizer que esses dois períodos de história da filosofia, que cobrem, aproximadamente, dezenove séculos de pensamento filosófico (cinco séculos antes de Cristo e quatorze depois), tiveram à sua frente um único tema central: qual é a essência das coisas e como essa essência obriga um determinado modo de conhecer e de agir? Ele é classificado como o período *essencialista* da filosofia; metafísico, na Antiguidade, e metafísico-religioso, na Idade Média. Isso significa que, no período antigo, a meditação filosófica se fez fundamentalmente pela *busca de um ser abstrato* que explicasse todas as coisas, e, no período medieval, fez-se pela *busca do mesmo ser, mas com o auxílio da revelação religiosa*, especialmente a católica. Vamos notar, no estudo que se segue, que, de alguma forma, durante esse tempo, os filósofos, denominados clássicos, estiveram atentos a essa questão do filosofar. Por vezes, foi enfatizado mais a questão do ser, por vezes, mais a do conhecer, e, por vezes, mais a do agir. Contudo, foi a questão do ser que presidiu as discussões filosóficas nesses dois períodos; propriamente, a questão metafísica da constituição do mundo; as questões do conhecer e do agir vieram sempre atreladas a essa questão central.

1. Idade Antiga: cosmovisão metafísico-abstrata

O que queremos dizer quando afirmamos que a cosmovisão[1] produzida na Idade Antiga tem sua base em uma visão metafísica abstrata? As soluções elaboradas, como respostas aos problemas emergentes, basicamente, tiveram por fundamento formulações abstratas,

---

1. Por cosmovisão entendemos uma concepção geral do mundo e da vida, coerentemente formulada, respondendo às necessidades emergentes em um momento e espaço determinados. Para melhor compreensão desse termo filosófico, vale a pena consultar, em um dicionário de filosofia, o significado desse verbete.

no sentido de que os conceitos não nasceram da materialidade da experiência, mas sim de lucubrações mentais, que podem ser lógicas, mas não necessariamente reais. Como veremos, são soluções bem articuladas, logicamente estruturadas, fazendo sentido; porém, na maior parte das vezes, sem os "pés" na concreticidade do mundo das coisas e das experiências do cotidiano. Isso não quer dizer que não tenham tido sua validade. Elas, de alguma forma, "explicaram" o mundo, deram-lhe um sentido, e possibilitaram um agir organizado e coerente entre os homens.

1.1 A questão do princípio constitutivo das coisas

A filosofia ocidental teve seu ponto de partida, comumente admitido por seus historiadores, na Magna Grécia (sul da Itália), mais especificamente na cidade de Mileto, com um pensador chamado Tales, que, além de filósofo, era político, matemático, astrônomo e um próspero comerciante de azeites. Afirma-se constantemente que ele é o pai da filosofia ocidental e é chamado, nos textos de história da filosofia, de "Tales de Mileto", por ser da cidade de Mileto. Os filósofos que viveram nesse período em Mileto e adjacências foram categorizados pelos historiadores da filosofia como pertencentes a uma escola filosófica — a escola jônica.[2]

Neste contexto, interessa-nos apreender a experiência do filosofar grego. Os primeiros gregos, que se dedicaram à meditação filosófica, estavam buscando uma forma racional de compreender o mundo, investigando o seu princípio constitutivo. A questão emergente no mundo grego dos fins do século VII a.C. e que exigia uma compreensão era

---

2. A denominação de escola tem mais um sentido metafórico que real; os pensadores de uma determinada região, que viveram dentro de um determinado período de tempo e se aproximaram pela temática que tratavam, foram reunidos, pelos historiadores da filosofia, em uma escola; isso não quer dizer que eles praticassem o seu exercício do filosofar dentro de uma organização ou coisa semelhante.

o cosmo, o mundo externo ao ser humano. Era necessário compreender o mundo na sua constituição, daí que os primeiros filósofos gregos tenham se dedicado a descobrir o princípio universal de todas as coisas. Era preciso responder a questão: de onde provêm todas as coisas? Evidentemente que, decorrente dessa questão básica, emergiram questões relativas à conduta moral e ao ordenamento social entre os seres humanos. Contudo, o tema central permaneceu sendo o mundo, sua origem e manutenção. Os gregos se debatiam com as concepções mitológicas, que explicavam a origem de todas as coisas por meio das cosmogonias. O contato com outros povos exigia uma explicação racional e natural das coisas. Partindo das experiências míticas, buscaram as explicações racionais.[3]

Mileto era uma cidade comercial próspera, onde havia a troca comercial, e, junto com ela, a troca de valores e conhecimentos; com a troca material dava-se, concomitantemente, a troca cultural e espiritual. Foi nessa cidade que se iniciou a prática de pensar filosoficamente no ocidente, tentando responder à sua questão emergente. Rompendo com as explicações míticas, ainda que muito próximos delas, os filósofos do período apresentaram explicações do mundo a *partir do mundo*, e não mais a partir das divindades.

À pergunta — onde todas as coisas têm sua origem? — *Tales de Mileto* (624-546/45 a.C.) respondeu que estava na *Água*, um elemento da natureza. A Água não tem princípio nem fim, é força ativa, "vivente", animada, da qual todas as coisas nascem e se formam. Não é só um elemento natural, mas o símbolo da unidade, da qual tudo provém e na qual tudo se realiza. A Água unifica todas as coisas, desde que ela está na base de sua origem e de sua sobrevivência; ela está sob a terra e a sustenta. Todas as coisas dependem da umidade; a chuva fertiliza

---

3. Marilena Chaui, em seu livro *Introdução à história da filosofia*, São Paulo: Brasiliense, 1994, discute as possíveis origens da filosofia grega e uma de suas hipóteses é a ruptura e continuidade entre o mito e o logos; ou seja, de que a vida grega, no período, era interpretada por uma cosmovisão mítica e, de fato, passou a buscar um caminho racional, sem que, de todo, deixasse a experiência mítica.

a terra, a umidade faz crescer as plantas. A Água, de alguma forma, se faz presente em tudo.

Anaximandro, também da cidade de Mileto, contemporâneo de Tales (610-547 a.C.), entendia que o princípio constitutivo e substância (aquilo que sustenta) de todas as coisas era o *Indeterminado* (*apeiron*, em grego), vivente, eterno, divino, que tudo contém e no qual tudo tem origem, sem que tenha qualquer identificação com os corpos conhecidos pela experiência sensível. O *Indeterminado* governa o universo pela lei permanente do devir, do nascer e do morrer dos mundos infinitos. Tudo tem origem nele e tudo nele se dissolve, mas ele permanece distinto de todas as coisas, como o seu princípio imutável e eterno.

O terceiro filósofo da escola jônica chamava-se *Anaxímenes de Mileto*, e viveu nessa cidade em fins do século VI a.C. Para ele, o princípio de todas as coisas era o *Ar*, que gera, rege e governa todas as coisas, as que foram e as que serão (inclusive os deuses), por meio dos processos opostos de rarefação e condensação. Rarefazendo-se, o Ar torna-se fogo; condensando-se, torna-se vento; depois, nuvem, água, terra, pedra. Do mesmo processo promanam o frio, como condensação, e o calor, como rarefação. Assim, o Ar garante a força criadora e animadora do mundo. O movimento do mundo é cíclico, no sentido de que cada coisa, periodicamente, se dissolve no princípio originário, para, depois, regenerar-se.

Nessa mesma perspectiva de encontrar o princípio básico de todas as coisas, atuaram os pitagóricos, comunidade criada em Crotona, na Magna Grécia, em torno de *Pitágoras*, nascido na ilha de Samos, em 540 a.C. Para os pitagóricos, o *Número* é o princípio de todas as coisas, não propriamente no sentido matemático (números que utilizamos para pensar e operar com as quantidades), mas especialmente no sentido ontológico (constitutivo) das coisas. Os números, sendo pares e díspares, demonstram os contrastes que existem entre todas as coisas no universo. O par é perfeito e ilimitado; o díspar é limitado e imperfeito. O processo desses contrários é que cria a ordem e harmonia no cosmo. A harmonia é o fundamento dos opostos. As relações numéricas são aquelas que expressam precisamente a harmonia cósmica. Os números, constituintes do universo, têm, eles mesmos, sua origem no Um, eterno e imutável, que dá unidade e harmonia a todas as coisas. Os pitagóricos encontraram um princípio constitutivo do mundo em um elemento fora da natureza material, mas no mundo racional; assim sendo, estavam meditando sobre a mesma temática que envolvia os primeiros filósofos gregos.

Eram filiados a Apolo, o deus da razão límpida e, por isso, a alma procederia seu caminho de purificação por meio da sabedoria; era preciso viver no saber; para tanto, passaria por sucessivas experiências de existência (repetidas vidas), tendo em vista obter a purificação, ou seja, a liberdade e a felicidade próprias da natureza divina.

Heráclito de Éfeso (540-476 a.C.) coloca a fonte de todas as coisas no *Fogo*: o cosmo, que é o mesmo para todos, não foi feito nem por algum homem, nem por algum deus, pois ele foi sempre, é e será Fogo, "que se acende e se apaga na mesma medida". A vida cósmica é devir (transformação); tudo se move, mas conforme uma ordem, que provém do Fogo como seu princípio ativo, divino e criador universal do mundo. O universo é contínuo *vir a ser*, decorrente da luta dos opostos: frio/quente; úmido/seco... A morte de um dos polos dos opostos é a vida do outro e vice-versa. A luta dos opostos é a lei do universo, mas eles se unificam no Fogo; a harmonia visível do mundo nada mais é do que o reflexo da harmonia do logos, princípio constitutivo da realidade universal. Como tudo provém do Fogo, tudo a ele retorna. Assim, todas as coisas se regeneram eternamente. A alma humana também é uma centelha do Fogo divino, a qual, por um certo tempo, foge da morte do corpo e brilha com "árido esplendor"; a seguir, volta a reunir-se ao seu princípio, onde se transforma em partícula indistinta da indestrutível flama, que, perenemente, consome o mundo para alimentar a vida. Este é o caminho da alma e sua meta é o eterno, onde acabam as injustiças e se liberta do peso da existência material. Heráclito tem o entendimento que o mundo é mutável permanentemente, assim como a alma humana que se reintegra na alma universal, o Fogo. O princípio constitutivo do universo e de todas as coisas é mutável.

Heráclito diferiu de todos os seus contemporâneos no seu modo de pensar e compreender o mundo e a realidade. Ele admitiu a mutabilidade como constitutiva do real, enquanto eles pensavam o mundo a partir do ser estável, eterno e infinito. A mutabilidade era uma experiência difícil de ser admitida pelos gregos; e essa dificuldade perdurou, no ocidente, praticamente, até fins do século XVIII, da nossa era.

Com esse pensador, praticamente se encerra a fase cosmológica da filosofia grega (a investigação predominante de um princípio constitutivo de todas as coisas) e inicia-se uma nova fase, em que a pesquisa sobre o ser humano, como sujeito interior (especialmente, sujeito do conhecimento), passa a ser significativa. É uma nova emergência para a meditação filosófica. É a escola eleática[4] que dá início à discussão sobre a intimidade do ser humano. A filosofia, então, dá um salto de qualidade. Enquanto, até esse momento, o problema emergente era o mundo exterior e o seu princípio constitutivo, agora nasce a necessidade de meditar sobre o ser humano e as qualidades do seu conhecimento. Os filósofos da chamada escola eleática, que abordamos a seguir, têm, entre os seus temas, a compreensão do ser e do devir, assim como do conhecimento verdadeiro e da opinião. Vai ser frisada a dicotomia entre o ser e o devir, entre o conhecimento verdadeiro e a mera opinião.

1.2 As questões do ser e do conhecer

Os pensadores que vão ser mencionados neste tópico, além da questão do ser, colocam o tema novo do conhecer, especialmente no que se refere à sua validade, como expressão da realidade. Vamos trilhar as soluções por eles elaboradas, em suas meditações filosóficas, sobre essas necessidades emergentes.

---

4. Os pensadores que estão em torno da região de Eleia foram reunidos pelos historiadores da filosofia na escola eleática, que tem seu centro em Parmênides de Eleia, pensador metafísico consistente.

Xenófanes, de Colofon (nascido em 580 a.C.), é considerado o iniciador das discussões dos temas básicos da escola eleática. Polemizou contra as práticas religiosas antropomórficas, questionando o seu modo de compreender os deuses e representá-los. Nessa sua crítica contribui para a emergência de um tema novo na filosofia: a questão do conhecimento verdadeiro. Mais apropriadamente, traz à baila a questão do ser humano como sujeito do conhecimento.

Para ele, os deuses não podem ter nada de humano, nem a vestimenta, nem a voz, nem o corpo. Os homens figuram os seus deuses com os seus traços próprios. Diz ele que, de forma semelhante, se os bois, os cavalos e os leões pudessem representar-se, para si mesmos, os seus deuses, as suas representações seriam semelhantes aos bois, aos cavalos e aos leões. Os seus conhecimentos dos deuses são suas projeções. Os deuses, ao contrário, são eternos, não nascem nem morrem. Há um Deus uno "entre os deuses e os homens, grandíssimo, nem pelo aspecto semelhante aos homens, nem pelo pensamento". Move tudo com sua mente, mas em si mesmo é imutável e eterno. Em síntese, Xenófanes tecia críticas ao politeísmo existente, porém, especialmente à antropomorfização dos deuses e, com isso, ele trazia para o âmbito da meditação filosófica a questão do conhecimento verdadeiro, que é o tema que vai ocupar Parmênides. Interessa saber como o homem conhece e como deve praticar o conhecimento.

Admite-se que *Parmênides*, de Eleia (540-450 a.C.), foi o verdadeiro fundador do eleatismo, admirado como o primeiro pensador metafísico do ocidente. Ele põe claramente a questão do ser e do conhecer. A solução que vai apresentar é dicotômica, seja para a questão do ser, seja para a questão do conhecer.

São duas as vias pelas quais podemos proceder a investigação: a *aleteia* (caminho da verdade) e a *doxa* (caminho da opinião); porque duas são as realidades: a do Ser e a do devir (para ele, não-Ser). A primeira é a via da razão e da persuasão, que conhece o Ser (que é eterno, imutável), e a segunda é a via dos sentidos e das aparências enganáveis, que conhece o devir (aquilo que é mutável).

A razão é a via pela qual compreendemos que o Ser é e o não-Ser (devir) não é. Assim sendo, pela razão, só se pode conhecer uma coisa, o Ser, que é eterno, incorruptível, uno, imutável; ele é pleno. O Ser de Parmênides assemelha-se ao deus de Xenófanes. A outra via do conhecimento é a sensível, que se apega às aparências, isto é, às coisas mutáveis e sobre as quais não se pode ter certeza, exatamente, devido à sua mutabilidade. Sobre as coisas que nascem, duram, mudam e desaparecem, não se pode ter nenhuma afirmação certa e segura. O que pode ser afirmado agora, não o poderá ser depois, pois que as coisas que agora são, não o serão depois. Devido à sua mutabilidade, sobre elas, não se pode ter certeza, por isso, não é possível nenhum conhecimento verdadeiro. Na proposição parmenídea tanto sobre o ser quanto sobre o conhecimento, há uma desqualificação do mundo mutável do cotidiano.

A questão da oposição entre o imutável e o mutável é resolvida, por Parmênides, pela opção por um dos polos, afirmando que só o Ser é e, por isso, somente sobre ele é possível ter conhecimento verdadeiro. Para que o sujeito possa possuir um conhecimento verdadeiro, há necessidade de um objeto que seja verdadeiro, e este é o Ser, princípio eterno e imutável de todas as coisas, e, também, a fonte de todo conhecimento verdadeiro. As coisas múltiplas e mutáveis do cotidiano são fontes exclusivamente da opinião, desde que elas, propriamente, constituem o não-Ser (não-Ser, aqui, não significa o nada, aquilo que não existe, mas sim aquilo que não é o fundamento de todas as coisas e, por isso, não é seguro). Só sobre o Ser se pode fazer um discurso verdadeiro; sobre as outras coisas podem-se emitir opiniões. Desse modo, em Parmênides, pela primeira vez, na história do ocidente, é colocada de maneira crítica a questão do conhecimento e é feita a distinção entre conhecimento racional e conhecimento sensível, criando uma dualidade no âmbito do ser e do conhecer. O pensamento tem como objeto o Ser (eterno e imutável); a opinião tem como objeto os seres existentes (sensíveis, múltiplos e mutáveis).

Desse modo, Parmênides coloca como fonte de todas as coisas o Ser; ele é o princípio metafísico de todo ente real; como também é o início e o fim de toda meditação filosófica, ou seja, coloca, de um lado, a *questão ontológica* (constitutiva) de todas as coisas e, de outro, a *questão gnoseológica* (relativa ao conhecimento). Com isso abre uma vertente de meditação filosófica que atravessará épocas, de alguma forma, chegando até nós.

Suas teses, por serem novas, foram muito polêmicas. Nesse contexto, teve discípulos que vieram em defesa de suas teses principais. Entre eles estão *Zenão de Eleia*, que se tornou famoso por seus paradoxos sobre espaço e tempo, tentando provar que o múltiplo e mutável são enganosos, e *Melisso de Samos*, que passou a divulgar a sua compreensão do Ser, admitindo que só poderia ser verdadeiro o seu conhecimento, como propunha e defendia o seu mestre.

Empédocles de Agrigento (483-424 a.C.) foi um filósofo ligado à denominada escola eleática, que não admitia a dicotomia estabelecida por Parmênides entre o Ser e os entes existentes, entre a imutabilidade do Ser e a mutabilidade e multiplicidade das coisas. Por isso, tentou uma compreensão do mundo que permitisse uma integração entre esses elementos. Com Parmênides, ele assume que o Ser é eterno e imutável, mas também quer explicar o devir como uma positividade. Ou seja, Empédocles, ao mesmo tempo, admite o Ser e o devir, assumindo que há possibilidade de conhecimento verdadeiro sobre ambos.

Compreende ele que o fundamento de todas as coisas está nos quatro elementos — terra, água, ar e fogo; e em duas forças — a Amizade e a Discórdia. A mistura dos quatro elementos dá lugar ao nascimento de todas as coisas e sua separação traz a morte. A força da Amizade une e mistura os elementos e a força da Discórdia separa e destrói os seres. As quatro fontes e as duas forças são eternas e imutáveis, predominando, no tempo, ora uma, ora outra. O Ser é eterno e imutável, porém não é uma substância única, como desejava Parmênides.

A vida cósmica se desenrola na esfera divina, onde atuam os quatro elementos, assim como as duas forças. Nessa esfera, os elementos são unificados pela Amizade, mas circundados pela Discórdia. Nesse nível, ainda não existem os seres (os existentes mutáveis), mas só o ser divino, na sua solidão absoluta. Na medida em que a força da Discórdia tem o predomínio, a unidade se rompe e os elementos se separam. Os seres mortais, que contêm em si tanto a força da Amizade como a força da Discórdia, são constituídos pelo esforço da Amizade em conciliar as partes separadas. A alternância entre as forças criativas (da Amizade) e destrutivas (da Discórdia) constituem a base do processo de formação e destruição no mundo. No caso, o Ser divino não nega os seres (mutabilidade e multiplicidade), e os seres no seu movimento (devir) não negam o Ser, desde que os seres nascem da desarmonia dentro da esfera divina e a harmonia se restabelece, pelo restabelecimento da esfera divina. De certa forma, as proposições de Empédocles retomam a solução parmenídea, na medida em que o devir se encerra no processo de restauração da esfera divina, onde o ser impera na sua solidão absoluta, sem as contradições do mundo mutável. O Ser, em Parmênides, impera absoluto sobre o mundo mutável.

Anaxágoras (500-428 a.C.) também teve sua contribuição nessa discussão do ser e do conhecer. Nasceu em Clazomene e faleceu no Peloponeso, para onde foi deportado, por causa de ter sido acusado de impiedade, na cidade de Atenas, no período de Péricles, de quem foi amigo. Praticamente, foi quem fez com que a filosofia, que existia na Magna Grécia, tivesse o seu ingresso em Atenas, desde que, vindo de fora, aí viveu, meditou e ensinou.

Esteve comprometido com a temática que vinha envolvendo os filósofos do período: a questão do Ser e do devir. Para ele, todas as coisas são formadas por partículas pequeniníssimas, qualitativamente distintas e invisíveis. A sua forma inicial era caótica, todas estavam juntas. O movimento de separação entre essas partículas se processa evolutivamente. Após iniciar em um ponto, se propaga para o todo. Contudo, tal movimento não se separa do cerne mesmo da mistura primitiva, que foi imprimida por um motor, que é uma Mente (Noús). Pela força do Noús, as coisas se formam a partir da mistura inicial; daí nascem o cosmo e as coisas existentes, com leis e ordem próprias. Os elementos que compõem os seres do mundo sensível não são simples.

As partículas componentes dos objetos são divisíveis ao infinito e a menor parte da matéria contém infinitas dessas partículas. Em cada coisa, há uma parte de cada coisa; em tudo está tudo. Cada parte de um objeto é semelhante ao todo. Assim, todo elemento componente de um objeto é eterno, como são eternas as partículas. Desse modo, nada perece; o nascimento se dá pela reunião das partículas e a morte pela separação das mesmas. Anaxágoras admite que as qualidades sensíveis, que conhecemos nos objetos, pertencem a eles; contudo, entende que o conhecimento sensível é imperfeito, sendo mais perfeito o racional. Os sentidos não nos permitem conhecer todas as partículas existentes nos objetos, mas fazem-nos conhecer aquelas que são predominantes neles. O conhecimento dos sentidos nos impede de conhecer a verdade, porém nos fornece uma certa visão do invisível. As partículas invisíveis são visíveis, com efeito, só pela mente. Mantém, assim, o privilégio do conhecimento inteligível sobre o sensível.

Anaxágoras, ao seu modo, construiu uma solução para o problema do Ser e do devir, assim como para os níveis do conhecimento, na perspectiva de superar as dicotomias explicitadas, especialmente, por Parmênides, no seio do ser e do conhecer. Agora, a filosofia vai dar novo salto, incluindo em seu tratamento os três grandes temas do tratamento filosófico: o ser, o conhecer e o agir. Os filósofos que se seguem são aqueles que meditaram sobre as emergências advindas da vida no seio da cidade de Atenas: o agir na vida social e política. Para isso, havia necessidade, também, de encontrar soluções para as questões do ser e do conhecer, como fundamentos do agir.

1.3 As questões do ser, do conhecer e do agir

Na apresentação, que se segue, dos filósofos chamados socráticos,[5] vamos verificar a ampliação da temática abordada filosoficamente, chegando à construção dos grandes sistemas filosóficos de Platão e

---

5. Usualmente, os sofistas são classificados como pensadores pré-socráticos, devido Sócrates ser tomado como marco histórico e teórico. No caso, devido à proximidade da temática

Aristóteles, considerados os dois maiores e mais universais pensadores gregos, no âmbito da filosofia. Iniciamos pelos sofistas, passando por Sócrates e chegando a Platão e Aristóteles.

Atenas de meados do século VI a.C. e fins do século V, passa a ser o centro de atenção do pensamento filosófico. Era vitoriosa sobre os persas, nas guerras do Peloponeso; reinava, então, o esplendor da vida política, da experiência democrática, da vida econômica próspera; assim sendo, política e cultura se vinculavam com maior proximidade. Era um ambiente novo que, também, dava uma nova direção à filosofia. Agora, a exigência filosófica ia para além da busca do princípio universal de todas as coisas. Havia, sim, a necessidade de abordar as coisas como se dão na experiência prática, na vida cotidiana, dentro da cidade; a meditação filosófica deve responder às necessidades do homem concreto, com os seus problemas e suas tramas sociais, políticas e culturais. A filosofia tomou, então, o homem concreto, do dia a dia, como seu tema de meditação e estudo.

Os primeiros filósofos que enfrentaram esta nova emergência na Grécia foram os *sofistas*, sábios que concentraram sua atenção nas questões humanas: política, moral, economia. Os sofistas eram sábios que tinham por missão ensinar a filosofia como um modo de viver a vida pública (vida do homem político). A filosofia constitui-se, então, como uma prática educativa com características antropológicas. O ser humano foi considerado na imediatez de sua vivência, na sua singularidade, procurando compreensões e saídas práticas para as questões emergentes do dia a dia. Não importava, como no momento filosófico anterior, encontrar o princípio universal de todas as coisas. Para os sofistas, importava encontrar uma solução pragmática para o momento; entendiam que as opiniões seriam verdadeiras, se assim parecessem; as leis eram admitidas como verdadeiras por "convenção" e não por "natureza". A verdade, em si, para os sofistas, não existe; ela é impossível. Por isso, todo e qualquer conhecimento é relativo. Enquanto, na filosofia anterior, o ser humano

---

abordada pelos sofistas e pelos chamados filósofos socráticos, resolvemos situá-los junto a estes últimos, abrindo o período intitulado "socrático da filosofia".

aparecia como um ser entre os outros, na sofística, o ser humano é o centro de atenção, como sujeito que conhece e age; a meditação filosófica incide sobre a relação do ser humano com o mundo e com os outros.

Os sofistas ensinavam a arte de argumentar, visto que o seu objetivo era educar o cidadão para viver o presente imediato. Atenas vivia a experiência da democracia, no chamado século de Péricles, onde assumia o poder aquele que fosse capaz de obter os votos dos pares e, para isso, importava ser capaz de persuadir pela argumentação. Era preciso ter eloquência e dialética na arte de abordar os temas e discutir. Estando atentos a essa necessidade emergente, os sofistas ensinavam os jovens a arte da retórica (arte de discutir e argumentar), tendo em vista sua participação na vida social e política da cidade. Não importava a realidade, mas sim a argumentação; aos poucos a atividade dos sofistas foi se degradando pelo esvaziamento da qualidade do que diziam e afirmavam; a aprendizagem da arte de argumentar por argumentar foi caindo no vazio e os sofistas sofreram revides polêmicos de filósofos do porte de Sócrates, Platão e Aristóteles. Contudo, importa o registro de que eles abriram as portas para um novo campo da meditação filosófica: o cidadão em seu cotidiano político.

Protágoras, de Abdera (480-410 a.C.), um dos mais citados sofistas, defendia a ideia de que "o homem é a medida de todas as coisas; das que são, enquanto são, das que não são, enquanto não são". Isto significa que a verdade é relativa e as afirmações, positivas ou negativas, são subjetivas. Não há verdade. São verdadeiras nossas impressões interiores, se assim nos parecerem. O conhecimento é aquilo que cada um sente em relação ao mundo. O que é frio, para mim, pode ser quente, para outro. Uma coisa é, para mim, como ela me aparece; para outro, ela será como ela lhe aparecer. Não existe a possibilidade da verdade universal. O sujeito do conhecimento também varia. Assim, sujeito e objeto, sendo mutáveis, não há possibilidade de um conhecimento que seja verdadeiro e válido *para todos*. Não é a verdade que persuade, mas a sutileza da argumentação. É essa a finalidade da retórica, na qual os sofistas foram grandes mestres. As opiniões se distinguem mais pela sua utilidade que pela sua verdade. O critério que importa não é o da verdade, mas sim o da utilidade. A virtude mais importante era a capacidade de argumentar e convencer. E, nessa arte, Protágoras se reconhecia mestre exímio.

Nas proposições filosóficas de Protágoras, o ser humano aparece como centro da meditação filosófica; é a medida de todas as coisas. Ele é o sujeito do conhecimento; o conhecer expressa a forma como as coisas são apreendidas por ele; a verdade é relativa.

Górgias de Leôncio, da Sicília (484-375 a.C.), é um dos mais celebrados mestres da sofística. Ele tem uma afirmação fundamental que está na base do relativismo sofístico e que expressa bem o espírito da filosofia desse grupo de pensadores, na medida em que relativiza tudo: "nada é; se algo é, não é cognoscível ao homem; se é cognoscível, é incomunicável aos outros". Na medida em que a palavra não expressa a verdade, mas a simula, qualquer comunicação seria um engano. Desse modo não há nenhuma possibilidade do conhecimento do mundo e, se ele existe, será frágil e inconsistente; além de tudo, impossível de ser comunicado. Sobra, pois, a possibilidade da argumentação pragmática, sem qualquer pretensão de que seja verdadeira; mas com a pretensão de que possibilite o encaminhamento pragmático e utilitário entre os seres humanos, dentro da cidade (cidade aqui entendida como espaço onde os seres humanos vivem e convivem). A meditação filosófica ajuda a viver dentro da cidade, mas não propõe a verdade, porque isso é impossível. Górgias, praticamente, elimina a questão do ser e do conhecimento verdadeiro do campo da meditação filosófica. Importa responder àquilo que está acontecendo na vida, agora, em suas necessidades. Importa administrar o cotidiano pragmaticamente.

Sócrates viveu e ensinou no mesmo espaço e tempo que os sofistas, contestando-os em seu modo de pensar e dando um novo significado ao exercício do filosofar. Era filho do escultor Sofronisco e da parteira Fenareta, e nasceu em Atenas no ano de 469 a.C. Inicialmente tentou seguir a profissão do pai, mas preferiu ouvir a voz da consciência, que ele considerava voz divina, e seguir a missão de educar a juventude, missão sustentada até sua morte.

Morreu aos setenta anos de idade. Foi acusado de corromper a juventude. Não quis defender-se em juízo, nem quis fugir da prisão, como propuseram seus discípulos, sob a alegação de que estaria desrespeitando a lei. Tendo sido condenado a tomar cicuta, cumpriu sua pena e morreu com serenidade e dignidade. Sua morte foi imortalizada por Platão, no final de sua obra intitulada *Fédon*.

Vivia e ensinava como um dos sofistas e foi bastante confundido como sendo um deles; ensinava nos logradouros públicos, como faziam aqueles, por meio do diálogo como um processo de argumentação. Apesar de, na aparência, haver semelhança, havia muita diferença entre eles. Enquanto os sofistas ensinavam a arte de argumentar para convencer os seus pares na vida política, Sócrates ensinava a busca da verdade, que deveria manifestar-se como um juízo universal, moralmente válido, que deveria dirigir a vida e a conduta pessoal e política de cada um. Enquanto os sofistas defendiam o relativismo da verdade, Sócrates buscava os juízos universais, que deveriam ser válidos para todos.

Conhecer, para Sócrates, era saber por conceitos; e ter o conceito de alguma coisa é defini-la por sua essência ou por sua natureza, em razão da qual é aquilo que é. Esta é a verdade inteligível, para a qual podem convergir todos os seres humanos e, por isso mesmo, é necessária e universal. Seguindo o caminho de Parmênides, admitiu que o conhecimento do mutável e sensível conduz à opinião e não à ciência. Como método, para ele, importa abstrair-se dos elementos particulares de cada situação ou objeto, para se chegar à sua essência e, com isso, à verdade, que vale para todos. Sócrates descobriu o conceito do universal e o método indutivo, segundo o qual, a partir das características sensíveis e particulares das coisas, é possível, por abstração, chegar aos seus conceitos universais, porque baseados nas essências e não mais nas suas particularidades.

Ao propor o princípio "conhece-te a ti mesmo", como centro da meditação filosófica, criou as bases para a antropologia. O centro da meditação filosófica passou a ser o ser humano e não mais a natureza e seus princípios constitutivos. Era preciso que cada ser humano investigasse em seu interior a verdade, pois ela mora dentro de cada um. Há necessidade de "parir" a verdade que aí mora.

Para isso, Sócrates desenvolveu seu método de ensinar em dois passos. Em primeiro lugar, a *ironia*, por meio da qual o seu interlocutor deveria ser conduzido a reconhecer sua ignorância a respeito de um determinado assunto, chegando a admitir "que nada sabe". Por meio de perguntas, Sócrates conduzia o interlocutor a reconhecer que era ignorante. Chegado a esse nível, era possível iniciar a senda de busca da verdade. O reconhecimento da ignorância era o primeiro passo para se processar a "parição" da verdade que está dentro de cada um. O segundo passo do seu método era a *maiêutica*, meio pelo qual, por meio de perguntas, Sócrates conseguia que seu interlocutor tirasse a verdade pura de dentro de si mesmo; o interlocutor "paria" a verdade, que dormia em seu interior. Daí que o "conhece-te a ti mesmo" era o modo mais adequado para se descobrir a verdade; conhecendo-se a si mesmo, o sujeito encontraria a verdade, que mora em seu interior.

Como Sócrates estava tentando responder às emergências da vida dentro da cidade de Atenas, fundamentalmente, sua atenção voltou-se para as questões da moral. Desejava restaurar a experiência moral de Atenas, que estava degradada. Pensava ele que conhecimento e virtude se identificavam. Quem conhecesse o bem deveria praticar o bem. O conhecimento, por meio de conceitos universais, era um conhecimento verdadeiro das coisas; por isso, esse conhecimento, também, deveria dirigir a vida. Saber o que se deve fazer é a virtude. É virtuoso quem é sábio; pratica o bem quem o conhece. De outro lado, quem conhece o bem não pode não praticá-lo. O virtuoso é feliz e todos procuram a felicidade. Assim sendo, quem conhece o bem, que o faz feliz, só pode praticá-lo. Os erros são praticados por ignorância. Importa que todos saibam o que é o bem para que a vida coletiva melhore. É uma questão de educação. Todas as virtudes têm sua base na sabedoria e todos os males têm sua fonte na ignorância.

Para ele, o bem consiste no proveito de todos. O bem é bem comum. Cada um, agindo pelo bem comum, está construindo a felicidade, que consiste em agir de acordo com a justiça, e de acordo com o domínio de si mesmo e seus impulsos. Com isso, Sócrates estava meditando filosoficamente sobre as emergências de uma cidade que se organizara e que ancorava em seu seio um complexo conjunto de cidadãos, com exigências, necessidades específicas e modos de ser variados. Sócrates desejava estabelecer um modo moral de conduzir as ações humanas dentro dessa sociedade. Fundamentalmente, sua preocupação estava voltada para o agir humano, desde que essa era a questão emergente, para ele e seus contemporâneos.

Importa observar que a concepção filosófica de Sócrates, transmitida especialmente nos escritos de Xenofonte e de Platão, uma vez que ele não escreveu nada, expressa o seu modo de ser na vida. Era um homem de retidão exemplar em suas convicções, retirando dessa sua prática pessoal as elaborações conceituais, que considerava universais e válidas para todos, a tal ponto que poderia estabelecer uma vida comum sadia.

Em Sócrates, também, nós encontramos a meditação filosófica tomando como seu objeto de estudo o sujeito humano, sujeito do conhecimento e sujeito da ação moral, que regula a vida em comum.

Platão nasceu em Atenas (427 ou 28-347 a.C.); seu verdadeiro nome era Arístocles, porém, foi apelidado de Platão por seu educador de ginástica, pelo fato de possuir costas largas. Foi discípulo de Sócrates, a quem rendeu homenagens, fazendo dele o principal interlocutor nos seus escritos, elaborados sob a forma de diálogos. Retomou suas meditações filosóficas, ampliou-as, aprofundou-as e deu forma a um complexo sistema de ideias, ou seja, formulou uma compreensão orgânica e ordenada do conjunto de todas as possíveis experiências humanas vividas naquele momento, seja do ponto de vista individual ou coletivo. No ocidente, pode ser considerado, sem dúvida, o primeiro pensador a configurar um sistema filosófico.

Platão foi um filósofo sistemático, que abordou os três grandes temas da filosofia: o ser, o conhecer e o agir; o que quer dizer que tratou das questões dos princípios constitutivos das coisas, das questões do conhecimento verdadeiro e das questões do agir individual e político dos seres humanos em sociedade. Tentou muitas vezes (pelo menos três) colocar em prática suas concepções da cidade ideal, dedicando-se à atividade política, mas em nenhuma delas foi bem-sucedido.

Não tendo tido sucesso em suas investidas como político, foi, sim, um filósofo bem-sucedido, que marcou sua época, assim como os tempos posteriores. Ainda hoje vivemos sob a égide de muitas influências do seu pensamento.

Suas obras são a manifestação da pujança tanto do seu pensamento quanto de sua arte de escrever. Há um acordo entre os estudiosos críticos das obras de Platão sobre a sua ordenação cronológica e temática. Em primeiro lugar, estão os diálogos socráticos e juvenis, nos quais estão expostas as doutrinas socráticas. São: *Laqués*, *Cármides*, *Eutífron*, *Hípias menor*, *Apologia de Sócrates*, *Críton*, *Íon*, *Protágoras*, *Lísias*. Em segundo lugar estão os diálogos denominados polêmicos, nos quais Platão critica os sofistas e inicia a constituição de suas teorias sobre o conhecimento, a ética e a política. São: *Górgias*, *Ménon*, *Eutidemo*, *Crátilo*, *Teeteto*, *Menexeno*, *Hípias maior*. Em terceiro lugar, estão os diálogos da maturidade, nos quais predomina a teoria das ideias, fundamento de todo o seu tratamento filosófico: *Fedro*, *O banquete*, *Fédon*, *A república*. Em quarto lugar, estão os diálogos da plena maturidade, nos quais submete a um exame crítico suas próprias teorias das ideias: *Parmênides*, *Sofista*, *Político*, *Filebo*, *Timeu*. Por último, a obra da velhice, incompleta e, talvez, resultante de apontamentos reunidos por algum discípulo: *As leis*. Há uma discussão sobre a autenticidade das *Cartas*.

Platão, em suas meditações filosóficas, respondeu às exigências da vida individual, social e política do século IV a.C., em Atenas. Aprofundou a meditação para responder a emergências que seus antecessores vinham tentando responder, no campo da filosofia. Ele criou um grande sistema de respostas às questões colocadas por seu lugar e seu tempo.

Do ponto de vista do conhecimento, retomou de Sócrates a questão do conceito universal, mas interferiu no método socrático. Enquanto Sócrates se utilizava do método indutivo (ir das características particulares das coisas para o seu conceito universal), Platão introduziu o método dedutivo, como modo de deduzir novas verdades a partir de verdades universais estabelecidas. Com isso, retomou todas as questões anteriores da filosofia. De um lado, a questão da verdade dos conceitos, a questão dos fundamentos do conhecimento, o ser, e, de outro, a questão da validade dos conceitos como guias para a vida, a questão do agir humano, da moral. A situação complexa da vida em Atenas exigia do filósofo uma meditação também complexa e Platão assumiu essa como a sua tarefa de pensador.

Para estabelecer as ideias universais, assumiu que, nas coisas, existem características particulares (peculiares de cada uma) e características essenciais. Estas últimas fazem com que todas as coisas da mesma espécie tenham elementos em comum. Isso permite compreender que as ideias podem ser universais e, assim sendo, manifestam a realidade essencial das coisas. As ideias universais têm sua objetividade fundada no Ser, que é externo e independente do sujeito do conhecimento, como veremos.

Os conceitos são universais, mas qual é a sua origem? Para Platão, tudo o que conhecemos, como existente, não é o ser. Uma coisa boa não é *o Bem*; uma coisa bela não é *o Belo*... O Bem, o Belo, o Verdadeiro, são essências que transcendem o existente; são essências que existem em si, fontes das coisas que conhecemos e dos nossos conceitos. Tanto as coisas existentes como os conceitos de nossa mente são imagens reflexas do Ser transcendente. A partir daí, Platão conclui que há um mundo das essências ideais, universais, incorpóreas, imutáveis e eternas. Essas essências são chamadas por ele de *Ideias.* Ou seja, há um mundo próprio das Ideias, transcendente, fora do espaço e do tempo, além das esferas do sentir e do pensar. As Ideias são a verdadeira realidade, o que nós vemos como coisas e seres existentes, em nossa experiência imediata, são sombras reflexas das verdadeiras coisas. Assim sendo, o mundo verdadeiro é o das essências, as Ideias; o mundo que sentimos e percebemos é o mundo do devir. O Ser constitui o mundo das ideias; o devir constitui o mundo das sombras. Desse modo, Platão encontra a *sua* solução para as oposições entre Ser e devir, que, afinal de contas, tem uma feição parmenídea, pois é dual: o Ser, de um lado, o devir, de outro.

Em articulação com essa concepção, Platão formula seu entendimento dos níveis de conhecimento: a *episteme* como o âmbito do conhecimento verdadeiro, que se refere ao Ser, e a *doxa*, como o âmbito da opinião, conhecimento do mundo das sombras. Aqui, também, Platão resolve a oposição entre os níveis de conhecimento de forma muito semelhante à solução dada por Parmênides: conhecimento verdadeiro como o conhecimento do Ser e opinião como o conhecimento do mundo mutável e múltiplo; mas difere de Parmênides na medida em que admite alguma positividade no conhecimento sensorial.

O conhecimento *sensorial* (primeiro, por imagens e, depois, perceptivo ou por crenças) é o nível da *doxa*, que possibilita o início da antevisão do conhecimento verdadeiro, o que incita a alma a ultrapassar o sensível e buscar o universal, o verdadeiro, que decorre do conhecimento das essências. O conhecimento sensorial desperta a alma para um conhecimento que existe dentro de si e que, de alguma forma, foi esquecido; o sensorial obriga o ser humano a remeter-se para o seu interior e buscar a verdade. O homem comum se apega às aparências sensoriais, que se apropriam do mundo das sombras, mas o filósofo (o sábio), a partir dos estímulos sensoriais, busca o mundo do Ser, da verdade. A experiência sensorial testemunha o reflexo do mundo do Ser (Ideias), que se manifesta nas coisas existentes. Importa ao sábio ser capaz de descobrir as essências para além das manifestações das coisas existentes. Estudando-se as coisas existentes, aprende-se o caminho para se chegar às essenciais. Aqui, Platão aproxima-se de Sócrates, seja no que se refere à busca dos conceitos universais, seja na admissão da busca da verdade dentro de si mesmo, pela autoinvestigação.

Entre a *doxa* e a *episteme*, Platão reconhece um conhecimento intermediário: a *dianoia* (pensamento discursivo). É um nível de conhecimento que está voltado para as essências, mas que, para se processar, necessita ainda utilizar-se das figuras visíveis. A *dianoia* é o prelúdio indispensável à *noesis* (conhecimento inteligível das essências). No nível da dianoia, as contradições (igual/diferente, grande/pequeno, simples/diverso etc.) são aplainadas, colocando-se em seu lugar as noções estáveis e idênticas, como faz a matemática, que não admite contradições em seus raciocínios. Aliás, Platão tinha grande apreço pela matemática, como um dos modos pelos quais o ser humano podia ultrapassar o mundo sensível imediato na busca do conhecimento verdadeiro do mundo do Ser (*Ideias*).

O último e mais elevado nível de conhecimento é o da pura intelecção das essências. É o conhecimento propriamente da filosofia. Ainda que não seja o conhecimento pleno e perfeito, devido ao fato de a alma estar ligada ao corpo, é o conhecimento que mais se aproxima do entendimento das essências, que estão em plenitude, no mundo das Ideias. Só nesse nível cumpre-se o anseio da alma de chegar à verdade. A dialética do conhecimento é a dialética do ser humano em busca do Ser. A filosofia é um modo de preparação permanente do ser humano para retornar ao mundo das essências. O conhecimento, por maior que seja o seu refinamento, em termos de adentrar o mundo das essências, enquanto for conhecimento humano, será de alguma forma limitado. Nunca chegará a ser o conhecimento pleno, pois que esse pertence à alma, quando estiver livre do corpo e retornado ao mundo das essências.

O conhecimento das essências está no mais recôndito lugar da alma de cada um. Os conceitos universais relativos às essências estão na alma de cada um, pois que ela já provou esse conhecimento e, por um ato seu, foi castigada a viver aprisionada em um corpo no mundo das sombras. O esforço ascético de aperfeiçoar-se no conhecimento é um esforço de recordação dos conceitos. A alma conhece esses conceitos, porém necessita recordá-los e isso não poderá ser feito na sua plenitude nesta experiência de vida, pois que nela a alma está sempre aprisionada no corpo. Então, a dialética do conhecimento, que vai do sensível para o inteligível, é um caminho de libertação e aproximação do conhecimento verdadeiro que já existe dentro de cada um. Aqui Platão estabelece a teoria da *reminiscência*, ou seja, a recordação de um conhecimento que a alma já teve e que reside no seu mais recôndito interior. Platão, aqui, por uma via diversa, retoma o "conhece-te a ti mesmo", de Sócrates. A verdade está na alma, importa relembrá-la. A ascese filosófica tem esse papel.

A meditação filosófica de Platão sobre o agir tem como base suas meditações sobre o ser e o conhecer. A ética, a política, a estética são expressões do agir humano que se definem a partir dos conceitos metafísicos e gnoseológicos anteriormente estabelecidos.

No que se refere à ética, temos de relembrar que, para Platão, a alma está aprisionada no corpo e dividida em duas: *alma irracional*, voltada para as experiências do mundo das sombras, e *alma racional*, desejosa do divino, que mora dentro de si. A perfeição moral decorrerá da ascese do ser humano em busca da contemplação das essências. Por isso, a filosofia, com sua dialética ascética do conhecimento, que vai do sensível para o inteligível, é o caminho mais adequado para a realização ética do ser humano. Pelo caminho da filosofia, o ser humano vai se desvencilhando do mundo das sombras e aproximando-se do mundo das essências. A filosofia é a busca da conquista plena do inteligível.[6]

Apesar de ver esse como o caminho do ser humano para a perfeição, Platão não descarta a necessidade de uma ética para o mundo cotidiano, sensível. Não podemos viver sem o nosso corpo. Ele é parte de nossa existência e, por isso, há que cuidar dele, também. O corpo é um reflexo do mundo das essências, por isso, não pode ser nosso inimigo, mas deve ser utilizado para o nosso aperfeiçoamento. Sabendo que o corpo é fraco e o estímulo dos sentidos forte, importa educar o corpo com a ginástica, para que seja harmônico e belo, desde que ele é reflexo da harmonia e da beleza essenciais. Contudo, Platão insiste na educação da alma, uma vez que é ela que conduz o ser humano para a perfeição. Educar o corpo é fortalecê-lo para frear os *impulsos irascíveis* e *concupiscíveis* da alma irracional. Porém, é a alma racional que é sapiente, isto é, que pode libertar-se do domínio dos sentidos e tornar-se dona de si mesma. O homem, que é sapiente, ao mesmo tempo, é forte e temperante; assim sendo, será justo. Na conduta ética, mais do que a harmonia e a temperança entre os homens, importa a busca do Sumo Bem, que reside no mundo das essências (Ideias). Platão é um espiritualista, que está voltado para o mundo do divino, onde estão as essências. O mundo sensível necessita ser educado para que

---

6. A alegoria da caverna, que se encontra no Livro Sétimo da *República*, demonstra bem a compreensão que Platão tinha da ascese filosófica, como meio de purificação da alma. Há necessidade de um esforço para que a alma saia do mundo das trevas e se volte para o mundo da luz.

a alma possa seguir em direção ao mundo das essências. A alma racional deve presidir o domínio da alma irracional.

Na política, propõe a organização ideal do Estado, seguindo sua compreensão ontológica e ética do mundo e da vida. Os homens necessitam unir-se para viver em sociedade e satisfazer suas necessidades e o Estado é a organização social capaz de administrar a vida sadia entre os seres humanos. À semelhança da alma humana, ele propõe a organização do Estado com três segmentos. A alma humana é dividida por Platão em racional e irracional, sendo que esta última é dividida em irascível e concupiscível. À parte concupiscível corresponde, no Estado, a classe dos produtores (artesãos, agricultores, mercadores); à parte irascível corresponde a classe dos guerreiros, destemidos e audazes; à parte racional corresponde a classe dos governantes (aqueles que se aproximam da luz da verdade). Para que reine a harmonia no Estado, importa que cada classe realize o seu papel, assim todas agindo em vista do mesmo fim: o bem e a justiça. Como, no caso do indivíduo, é a parte racional da alma que deve comandar a vida; no caso do Estado, são os governantes que devem dirigir a sociedade, por causa de sua sapiência, garantindo que os produtores sejam temperantes e os guerreiros, fortes. Realizar esse ideal deve ser a razão e a finalidade da ação política entre os homens.

Para proceder essa administração orgânica, harmônica e sábia da sociedade, os governantes necessitam ser sábios e estes são poucos no mundo. Por isso, Platão prevê que o governante de um Estado deve ser um filósofo, como aquele que, pela ascese, tem buscado a verdade. Ainda que com experiências concretas frustradas, passou sua vida tentando realizar esse ideal: que a sabedoria filosófica fosse a luz-guia do Estado. O Estado deve garantir a harmonia para que todos os cidadãos possam purificar sua alma e chegar à sabedoria, que é o caminho do retorno ao mundo das essências, mundo divino. Enquanto o ser humano individual não for purificado, após cada uma de suas mortes, se unirá novamente a um corpo, tendo em vista obter sua ascese e, consequentemente, sua libertação da prisão do corpo. Aqui, Platão toma a concepção da *metempsicose* (reencarnação) como meio de purificação da alma. De certa forma o Estado platônico, além de ser aristocrático, é profundamente religioso.

A arte é o campo do agir humano, segundo o ver de Platão, que expressa a experiência do mundo sensível, próprio do mundo das sombras, reflexo das essências do mundo das Ideias. A arte, para ele, imita o mundo das sombras; por isso, não é uma prática útil ao crescimento, uma vez que opera com a imitação da imitação (pois as coisas do mundo já são sombras — imitações — das essências). Permanecendo nesse nível, a arte não pode auxiliar o homem no seu caminho de busca da verdade, que tem a ver com a descoberta das essências e não com a descoberta das sombras. Todavia, vale lembrar que na obra *O Banquete* e em *Fedro*, ele reconhece o valor teorético da arte e seu papel no processo educativo do cidadão, ao afirmar que a Beleza (essência da beleza) se manifesta sensivelmente, ela é "luminosa" através do sensível.

Platão, devido a seus entendimentos metafísicos, não foi capaz de se aperceber que a arte não era pura sensação e, por isso, não pôde retirar dela as suas possibilidades para a educação e desenvolvimento do ser humano e do cidadão.

Em síntese, podemos dizer que Platão, com sua concepção ontológica (do Ser), gnoseológica (do conhecimento) e ético-política (do agir) constituiu um sistema de compreensão e orientação para a vida individual e social dos cidadãos de Atenas do século IV a.C. Devido ter meditado sobre as emergências que se colocavam à sua frente, situadas no espaço e no tempo, pôde elaborar um sistema de pensamento filosófico que transcendeu a si mesmo e à sua época, tendo manifestações que se fazem presentes em nossa vida contemporânea. Os três grandes temas da filosofia universal foram objetos de sua preocupação e meditação filosófica: o ser, o conhecer e o agir.

Aristóteles também trouxe sua contribuição própria à compreensão e elaboração teórico-prática dos problemas filosóficos emergentes na Atenas do século V a.C.

Foi discípulo de Platão e, talvez, tenha sido a maior e mais brilhante mente do mundo filosófico grego. Ele é o filósofo da universalidade.

Desejou abranger e ordenar os conhecimentos da época, produzindo uma compreensão filosófica de todos os problemas que afligiam o homem naquele tempo e lugar. Trabalhou sobre o tema essencial do filosofar naquele momento: a questão do ser. E, a partir dela, formulou compreensões sobre o conhecer e o agir.

Nasceu em Estagira, na Trácia, em 384 a.C., filho de Nicômaco, médico do rei da Macedônia, e de Aminta. Aos dezoito anos, mudou-se para Atenas, onde permaneceu até a morte de Platão, seu mestre. Em 343, a.C., foi chamado à Macedônia para servir de preceptor de Alexandre, filho do rei Felipe. Permaneceu aí, nessa função, até 335, quando Alexandre foi em expedição para a Ásia. Voltando para Atenas, abriu, no local denominado Liceu, uma escola filosófica, que foi intitulada de *Peripatética*, cujo nome expressava o gosto especial de Aristóteles de ensinar andando. Ensinou aí por doze anos. Com a morte de Alexandre, em 323 a.C., foi acusado de impiedade; deixou Atenas, para fugir do processo, refugiando-se em Cálcis, na Eubeia, onde faleceu, em 322 a.C.

Deixou muitas obras para nós, os seus pósteros, o que mostra a universalidade de sua mente. Foram escritos destinados a dois tipos diferentes de público: os escritos *exotéricos* destinados ao público externo da sua escola e os *acroamáticos* ou *esotéricos* (que encerravam uma doutrina secreta), destinados aos alunos da sua própria escola. Praticamente sobreviveram estes últimos, pela organização feita por Andrônico de Rodes, no século I a.C. São eles: a) os escritos de lógica reunidos sob a denominação de *Organon*: *Categorias, Sobre a interpretação, Primeiros analíticos, Segundos analíticos, Tópicos, Os elencos sofísticos*; b) os escritos de física: *A física, Do céu, Da geração, Da corrupção, Meteorologia*; c) os escritos de zoologia e fisiologia: *História dos animais, Das partes dos animais, Do movimento dos animais, Da geração dos animais*; e) os escritos de psicologia: *Da alma, O sentido, A memória*; f) os escritos de metafísica: *Metafísica*; g) os escritos de ética e política: *Ética de Nicômaco, Ética de Eudemo, A grande ética, A política, A constituição política de Atenas*; h) os escritos de retórica e poética: *A poética, A retórica*. Há ainda os escritos de Aristóteles dos quais só existem fragmentos, tais como *Eudemo*, *Protréptico*, *Sobre a filosofia*, *Sobre a justiça*, que eram destinados aos ouvintes externos à escola. Ainda vale ressalvar que os especialistas dos estudos aristotélicos possuem muitas dúvidas a respeito do ordenamento cronológico das obras, pois foram organizadas por Andrônico de Rodes muito tempo após a morte do seu autor, assim como possuem dúvidas sobre a autenticidade de algumas, como as *Categorias*.

Aristóteles foi um discípulo dissidente de Platão. Aos dezoito anos mudou-se para Atenas, ingressando na Academia Platônica, onde viveu e aprendeu com seu mestre, porém discordou dele a partir da base de seu pensamento. Desejava compreender o mundo a partir do próprio mundo. Platão tentou resolver a questão da mutabilidade do mundo pela separação entre o mundo das Ideias e o mundo das sombras. Aristóteles quis compreender o mundo externo ao sujeito a partir do percebido, ou seja, a partir do próprio mundo sensível. A solução que Platão encontrou para o problema do ser, colocando-o no mundo das Ideias, foi resolvida por Aristóteles, colocando-o no mundo do mutável (do devir): o ser é o ser que se dá no mutável. É preciso descobrir a essência do que existe naquilo que existe, ou seja, é preciso descobrir a essência do mutável no próprio mutável. A metafísica de Aristóteles é uma metafísica da natureza, do real, na medida em que parte do real para compreender o real. Como isso se daria? Aristóteles diz que por meio do processo de abstração, pelo qual o sujeito do conhecimento, primeiro, percebe o mundo sensivelmente e, a seguir, por um processo de abstração, vai se libertando das características particulares do objeto do conhecimento, permanecendo com suas características essenciais. Assim, a essência do ser humano ou de qualquer outro objeto do conhecimento é desvendada no próprio ser humano ou no próprio objeto que esteja sendo investigado. Dessa forma, Aristóteles se propõe a romper com a tradição metafísica anterior a ele, que sempre compreendeu o mundo de forma dual.

O real é constituído de matéria e forma. Esta é a famosa teoria do *hilemorfismo* aristotélico. A matéria é aquilo do que o objeto é feito (*causa material*, segundo expressão de Aristóteles) e a forma é a sua essência, ou seja, aquilo que o constitui propriamente, distinguindo-o de todos os outros (*causa formal*). Além disso, todo existente tem uma razão eficiente de sua existência (*causa eficiente*, ou seja, é produzido por outro), assim como uma razão final, que explicita o seu destino, o seu significado (*causa final*, que diz que cada existente, na medida em que existe, se realiza na sua forma, no seu modo de ser).

A matéria é a manifestação da forma, ou seja, o ser se dá no próprio objeto que conhecemos. A essência platônica, que estava colocada na Ideia, é a forma aristotélica, que existe nas coisas mesmas, constituindo-as. Desse modo, o mundo real é a fonte de todo conhecimento verdadeiro. Já não é mais necessário buscar o ser em um mundo imutável, eterno, mas sim no existente, naquilo que se dá em nossa experiência.

O indivíduo (cada coisa individuada), na sua existência real, é a união substancial de matéria e forma, portanto, da mutabilidade e da essência. A matéria é o substrato indeterminado, que ganha sua individuação com a aquisição de uma forma. Por exemplo, uma estátua é constituída de uma quantidade de matéria (pedra), que é indeterminada, e de uma forma, que a individualiza, diferenciando-a de todas as outras pedras. Agora é uma pedra individuada em uma estátua. A forma individualiza a matéria.

Com isso, Aristóteles explica o movimento: todas as coisas podem se modificar, sendo suporte para uma nova forma. Cada coisa poderá ser transformada em uma outra. Então, ele diz que as coisas, seres, objetos *existem em ato* na medida em que têm uma forma, que indica o seu modo de ser (aquilo que é a sua propriedade essencial, a sua perfeição, a sua finalidade), mas também *possuem a potência* de se transformar em outra coisa, ganhando nova forma, que possibilitará uma outra forma de realização. Essa é a *teoria do ato e potência*, em Aristóteles; com ela, responde à questão da mutabilidade das coisas, questão que já havia recebido respostas dicotômicas de filósofos anteriores.

Aristóteles não recusou a mutabilidade das coisas, fazendo delas um mundo secundário, mas a assumiu como a própria realidade, onde se dão todas as qualidades do mundo e da vida. O que o filósofo necessita é, em conhecendo essa realidade, desvendar a sua essência. Assim, já não é mais necessário separar o mundo sensível do mundo inteligível, mas sim torna-se necessário encontrar a inteligibilidade do mundo a partir do sensível.

Matéria e forma, ao constituírem o indivíduo (o ser existente), são indissociáveis. Não há matéria que não possua uma forma, assim como não há uma forma, no mundo sensível, que exista independente da matéria. A matéria expressa a potência para ser alguma coisa e a forma expressa o ato, a realização do ser. O movimento indica sempre a passagem de uma potência para um ato. Um ato qualquer é uma potência para ser outro ato. Assim sendo, o ato que serve de potência para um novo ato é uma perfeição e o novo ato é uma nova perfeição, permanecendo, no caso, o movimento (a passagem de um estado para outro) como uma imperfeição. Exemplificando: eu *não sei falar inglês*, mas tenho a *potência de falar inglês*; por isso, sou *um ato* com determinada perfeição. No momento em que souber falar inglês, serei *novo ato*, com nova perfeição. A passagem do *estado de não saber falar inglês* para o *estado de saber falar inglês* é o *movimento*. Segundo Aristóteles, o estado de passagem, que é o movimento, é uma imperfeição; é um estado intermediário entre o estado anterior e o novo estado; nem é o anterior, que é um ato, nem é o atual, que também é um ato.

A passagem da potência (matéria prima) a ato (matéria individuada), em Aristóteles, não implica que a matéria gere a forma, o que para ele seria impossível, uma vez que a potência não é perfeição, mas possibilidade de ser. Assim sendo, o movimento de uma potência para um ato exige um *motor*, que é um ato. Por exemplo, uma pedra (potência) pode ser transformada em uma estátua (ato) pela ação do escultor, que é ato (o motor do movimento). Tudo o que se movimenta, se movimenta a partir da existência de um motor que processa o movimento (uma causa eficiente, na linguagem aristotélica). Isso implica a existência de um *Primeiro Motor*, que seja imóvel, ou seja, que não tenha sido movido (originado) por outro e que seja a causa de todo movimento existente. Regredindo, de causa em causa, iríamos ao infinito, o que é impossível. Por isso, a cadeia de causas exige uma Causa Primeira, um Motor Imóvel. O Motor Imóvel é divino, ele é ato puro, não tem nenhuma potencialidade; tudo nele é plenitude. Nele, essência e existência coincidem; a existência se dá na plenitude da essência. Ele move o mundo, mas não é movido. Por ser a plenitude do ser, contém em si todas as qualidades de forma definitiva e infinita. Por ser pura forma e, portanto, plenitude, no Motor Imóvel não existe matéria (que é sempre potencialidade).

Com isso, a solução aristotélica para o movimento (expressão da realidade mutável), de certo modo, torna-se nula, uma vez que retorna ao dualismo dos filósofos anteriores, ou seja, há o mundo mutável e há um ser imóvel, eterno e infinito, que dá origem e sustenta todo movimento. Aristóteles, afinal, permanece no dualismo, atribuindo a imperfeição à matéria e a perfeição à forma, uma vez que é ela que define um objeto, é ela que expressa a essência de cada existente. Aristóteles não conseguiu, devido às condições do seu tempo, superar a exigência da existência de um mundo diverso do mundo mutável, no qual vivemos e existimos. Trouxe uma solução engenhosa, mas não teve suficiente força para sustentá-la até as suas últimas consequências. Necessitou colocar aí um *Motor Imóvel*... A solução aristotélica para a questão do ser, que parecia ser engenhosa, terminou, de alguma forma, por repetir traços de soluções metafísicas já apresentadas.

Além da questão do "ser, enquanto ser", que é a questão metafísica propriamente dita, Aristóteles fez elaborações teóricas sobre o mundo natural, ou física, e sobre o mundo espiritual, ou psicologia.

A física é a ciência da natureza, o que quer dizer, do movimento. A natureza é a manifestação da fusão de matéria e forma. A forma pura só se dá no Motor Imóvel e a matéria pura só se daria como matéria-prima, sem nenhuma forma. A natureza é a expressão da matéria individuada por uma forma, isto é, a natureza é síntese de matéria e forma. O finalismo é um traço fundamental da física de Aristóteles: todas as coisas tendem à sua perfeição, que é, por si, a realização de sua forma, que é a atuação (torna-se ato) completa dessa forma. O ato é a realização plena da forma e isso é o ótimo.

A natureza está ordenada hierarquicamente, formando um todo harmônico. São quatro os graus da natureza: reino inorgânico, reino vegetal, reino animal e reino humano. No homem, culmina a hierarquia, mas não se encerra aí, apontando-a para Deus, como o Motor Imóvel, perfeição absoluta. Essa ordem permanecerá para sempre, em razão da concepção finalista de Aristóteles. Todos os seres destinam-se à perfeição; desse modo, toda a natureza tende para o melhor. Ser e bem coincidem, para Aristóteles, em cada existente. Aquilo que ocorre na natureza é aquilo que tinha, e tem, de acontecer, uma vez que ela busca a perfeição; as formas conduzem a isso. As quebras da ordem são admitidas como situações excepcionais, por meio de causas acidentais. O normal é que cada ser realize o seu fim, porém, pode ocorrer, por causas acidentais, que não cheguem a essa perfeição. De certa forma, com essa visão, Aristóteles defende um determinismo universal; todas as coisas tendem à sua perfeição, por isso o universo, como um todo, realiza essa perfeição obrigatoriamente. As divergências são acidentais e não essenciais. O mal é uma carência de bem, mas não sua supressão.

A psicologia é a ciência da alma. No corpo orgânico, a alma é a forma, ou seja, a individuação do corpo só se dá pela união da matéria do corpo com a forma da alma. O vínculo entre esses dois elementos é indissociável, pois, na medida em que a alma se separa do corpo, ele não tem mais a forma de ser vivo. A união entre corpo e alma (matéria e forma) é essencial; sem ela, não existe o indivíduo. Correspondendo aos reinos do mundo natural, Aristóteles prevê a existência de três almas: a alma vegetativa para o reino vegetal, a alma sensitiva para o reino animal e a alma intelectiva para o reino humano; cada uma delas tem um modo próprio de ser e, consequentemente, uma função diferente. O grau superior de alma contém as perfeições dos graus inferiores; o que quer dizer que, na alma humana, convivem as funções das três almas; não são três almas, mas sim três funções. O ser humano manifesta a forma mais perfeita dos seres no mundo da natureza. Acima dele, só Deus, que é forma pura.

Tomando por base sua concepção de ser, anteriormente exposta, que evoluiu do ser metafísico para o físico e psicológico, Aristóteles investiu também no problema do conhecimento. Herdou de Sócrates e Platão a compreensão de que o conhecimento verdadeiro é o conhecimento que se dá por conceitos; porém discordou deles sobre a origem do conhecimento, admitindo que o conhecimento provém do próprio mundo sensível. Ele não preexiste na alma, como queriam os outros dois pensadores. O conhecimento nasce da impressão que o mundo externo processa sobre os órgãos receptivos e perceptivos do sujeito. O conhecimento tem seu início pela presença de um objeto particular que atua sobre o sujeito, oferecendo-lhe a sua forma sensível. Esse é o conhecimento sensível, do particular. Porém, o conhecimento verdadeiro é o universal e se dá pela apreensão da essência das coisas, que é processada pelo intelecto. A sensação possibilita um conhecimento do contingente, daquilo que é particular, mas não da essência, que é universal.

O processo do conhecimento, portanto, vai do particular para o universal. Inicialmente, são impressões sensíveis, que, sendo juntadas e guardadas na memória, formam um fantasma do objeto, ou seja, uma forma sensível, que, por si, não é deste ou daquele objeto, mas com a qual todos podem, de certo modo, ser identificados. Por exemplo, podemos ir captando as impressões sensíveis dos homens com os quais nos encontramos. A imagem (fantasma) que formamos do ser homem não pertence a nenhum deles, em específico. O fantasma é uma certa universalização das sensações, uma vez que ele serve de modelo para compreender um grupo de seres semelhantes.

Para Aristóteles, o conhecimento pleno se dá pela desmaterialização e desindividualização do fantasma. Sobre o fantasma sensível atua a faculdade de abstração da alma, que, desmaterializando-o e desindividualizando-o, encontra a essência do objeto, ou seja, o seu conceito, que é universal e aplicável a todos os seres daquela espécie. O conceito é obtido por abstração, a partir das sensações dos objetos concretos. O conceito não existe na realidade, mas só no intelecto; o que existe, na realidade, são os seres concretos. Com isso, podemos compreender que o conhecimento se dá por um processo de abstração, que vai do sensível para o inteligível e, na medida em que ocorra esse processo, vamos chegando às noções mais abstratas da realidade; propriamente, aos conceitos universais. Por exemplo, da observação e da impressão sensível das características particulares de muitos homens, vamos formando a imagem (o fantasma) do homem em geral, mas ainda estamos no nível do sensível. É com a ação do intelecto agente que vamos desmaterializando essa imagem e chegando ao conceito universal, que já não se refere a nenhum homem em particular (Pedro, João, Luís...), mas ao homem como sua essência, aquilo que caracteriza todos os homens como homens. É a noção mais abrangente a que podemos chegar desse ser.

Esse é o procedimento próprio da indução, que, de um conjunto de casos particulares, conclui pela sua universalidade. Aristóteles chama a isso de generalização ou abstração imprópria, uma vez que a indução completa seria aquela que chegaria à universalização do fantasma, a partir da observação de todos os casos daquela espécie. Isso é quase impossível. A indução que, de poucos exemplos, chega a uma conclusão, não tem valor demonstrativo no ver do pensador.

Mas o recurso da indução não é suficiente para que se possa processar todas as possibilidades do conhecimento. Importa usar o processo *discursivo*, que é mais seguro na construção da ciência. Enquanto a indução pode conduzir a erros, o método discursivo evita os erros, pelo seu modo de proceder. As leis do procedimento discursivo do conhecimento compõem a *lógica*. Nesse nível, definir um ser significa, por análise, determinar seu *gênero próximo*, que classifica o ser num grupo, e sua *diferença específica*, que fazem esse ser diferente de todos os outros que pertencem ao mesmo gênero. Por exemplo, quando Aristóteles definiu o "homem como um animal racional", tomou o termo animal como o gênero próximo e o racional como característica específica desse ser. Isso quer dizer que o homem pertence ao gênero animal e à espécie racional, distinguindo-o de todos os outros seres que pertencem ao gênero animal, mas que não são racionais.

As afirmações e as negações sobre alguma coisa, ou ser, constituem os juízos. E estes, evidentemente, podem ser verdadeiros ou falsos. Um juízo é verdadeiro quando predica um sujeito (ser, coisa, objeto...) com uma essência que lhe convém; o falso consiste na atribuição de um predicado que não convém ao sujeito. Para se chegar à conclusão se um juízo é verdadeiro ou falso, Aristóteles propõe a utilização do *raciocínio*, que se realiza pela relação entre dois ou mais juízos, articulados; a inter-relação entre os juízos possibilita identificar a sua verdade. No parágrafo seguinte há um exemplo do modo de proceder o raciocínio, segundo o autor.

A forma aristotélica típica do raciocínio demonstrativo é o *silogismo*. Um tipo de raciocínio que funciona pela utilização de três juízos, sendo o primeiro e o segundo considerados como *premissas maior* e *menor*, das quais se deduz um terceiro, a conclusão. Nesse tipo de raciocínio, demonstra-se a adequação, ou não, de um determinado predicado a um determinado sujeito, por meio de um terceiro termo, que atua em duas premissas como intermediário e, por isso mesmo, é chamado de termo médio. Aristóteles criou quatro figuras diferentes para o silogismo. Tendo em vista compreender o que significa raciocínio em Aristóteles, vamos nos utilizar só de uma das figuras de raciocínio, onde o termo médio aparece como sujeito de uma premissa e como predicado da outra.[7] O exemplo clássico dado para entender esse tipo de raciocínio é o seguinte: "Todo homem é mortal; Sócrates é homem; logo, Sócrates é mortal". Nesse tipo específico de raciocínio, admite-se a verdade devido ao fato de que o termo médio "homem" encontra-se nas duas premissas e convém tanto ao sujeito, na premissa maior, como ao predicado, na premissa menor. A verdade de um juízo (a conclusão) se deduz da verdade dos outros juízos (as premissas). O silogismo torna-se, para Aristóteles, o modelo de todos os raciocínios dedutivos, em que, de uma verdade universal, pela análise, retira-se uma verdade particular (da verdade universal — "todo homem é mortal" — extraiu-se a verdade particular — "Sócrates é mortal" —, pelo termo médio "homem", presente, com conveniência, na premissa maior como sujeito e na premissa menor como predicado).

---

7. As quatro figuras criadas por Aristóteles são: 1) o termo médio é sujeito na premissa maior e predicado na menor; 2) o termo médio é predicado nas duas premissas; 3) o termo médio é sujeito em ambas as premissas; 4) o termo médio é predicado na premissa maior e sujeito na menor. Caso o leitor esteja interessado em aprofundar a compreensão do uso dos silogismos aristotélicos, vale tomar um livro de lógica formal, onde encontrará exposição, exemplos e exercícios relativos a essas figuras do silogismo, além de muitos outros elementos da lógica do raciocínio.

A verdade, para Aristóteles, é a adequação do conceito, formulado no intelecto, aos dados da realidade. Diante disso, cabe perguntar: como uma verdade deduzida pelo silogismo pode expressar a verdade, entendida dessa forma? Essa pergunta recebe a resposta de que a verdade de um raciocínio é demonstrada por outro raciocínio. Desse modo, para demonstrar uma verdade, poderíamos ir ao infinito, propondo um novo raciocínio para justificar o anterior. Mas, para Aristóteles, isto não se dá assim, uma vez que o processo lógico remonta aos *princípios lógicos fundamentais do conhecimento*, que são evidentes por si mesmos e, por isso, não necessitam de outra justificação para garantir a sua validade. São eles: *princípio de identidade*, pelo qual uma coisa, no mesmo tempo e na mesma relação, é sempre igual a si mesma ("A", em um mesmo tempo e mesma relação, é igual a "A"); *princípio de contradição*, pelo qual não é possível que um mesmo predicado convenha e não convenha, ao mesmo tempo e sob a mesma relação, a um único sujeito ("A" não pode ser, ao mesmo tempo e na mesma relação, "não A"); *princípio do terceiro excluído*, pelo qual, entre afirmação e negação de alguma coisa, não existe termo médio ("A", ou é igual a "B", ou é igual a "não B"; não existe a possibilidade de ser, ao mesmo tempo e sob a mesma relação, igual a "B"e a "não B"). Tendo por base esses princípios fundamentais, que não necessitam de demonstração, devido ao fato de serem evidentes por si mesmos, a inteligência humana, que compreende esses princípios, pode deduzir verdades, demonstrando sua validade, pela utilização dos silogismos.

Aristóteles encontrou uma saída para que o conhecimento emergente da realidade mutável fosse válido, pelo processo de indução, mas ele mesmo confiou mais na dedução que na indução para produzir a ciência verdadeira; a indução é necessária para produzir as ciências que tem sua base na experiência, mas tem seus limites de validade. A *indução perfeita* é praticamente impossível, devido ao fato de que ela deveria ter por base a observação de todos os casos semelhantes; sobra-nos, então, a *indução imperfeita*, o que limita a validade do conceito universal formulado. Assim sendo, o valor da indução é de auxiliar o processo da dedução, que é o procedimento válido na produção da ciência. Contudo, só as ciências "racionais" podem proceder adequadamente com a dedução, pois que as suas verdades fundamentais são evidentes por si mesmas. A matemática, por exemplo, pode operar só por dedução, uma vez que a verdade a ser deduzida já se encontra no sujeito do juízo; o que quer dizer que os juízos matemáticos são tautológicos. Por exemplo, no juízo "o triângulo tem três lados", o predicado "tem três lados" já está contido no sujeito "triângulo". Uma evidência em si. Nas ciências experimentais, isso não ocorre. Primeiro, há necessidade de extrair o conceito do mundo mutável, para, depois, proceder deduções, mas ocorre que os conceitos abstraídos não são inteiramente confiáveis devido ao fato de não terem por base uma indução perfeita. Daí o limite das ciências da experiência.

Coerente com sua concepção do ser, Aristóteles encontrou soluções para o problema do conhecer. Não é uma solução definitiva e, parece, nunca o será, uma vez que hoje ainda estamos nos debatendo com essa questão filosófica, mas foi um modo de responder às emergências que o circundavam, dando um passo a mais no caminho de encontrar o *logos* no mundo real, sem ter de, prioritariamente, fazer concessões ao mundo mítico, com o qual, de alguma forma, os gregos estavam rompendo.

Articulado com sua compreensão do problema do ser e do conhecer, Aristóteles formulou sua compreensão do agir humano, incluindo as questões da ética, da política e da estética.

A ética aristotélica é uma ética finalista, tendo base na racionalidade. Como vimos, todo ser destina-se à sua realização que é a plenificação de sua forma (essência do existente). No caso, tudo o que o homem faz, o faz em vista de um fim; e, entre todos os fins, sobressai o fim supremo, que é a felicidade. E, por felicidade, ele compreende a realização do ser. O bem ou o fim de cada ser é a sua realização, que é a sua perfeição (que equivale à realização de sua forma). A forma específica do ser humano é a racionalidade, por isso, a sua perfeição, e consequentemente, sua felicidade, é realizá-la. Se o homem é um ser racional, sua virtude consiste em viver em conformidade com a razão; e quem age segundo a razão, no ver de Aristóteles, é feliz. O prazer não constitui a felicidade, mas dela decorre; os bens exteriores e materiais contribuem para a conquista da felicidade, mas não a constituem.

Contudo, o ser humano não é só razão, é constituído também de apetite, que, não sendo racional, pode ser dirigido pela razão. Em vista disso, Aristóteles distingue dois tipos de virtudes: as intelectivas (ou *dianoéticas*), que consistem no próprio exercício da razão, e as práticas (ou *éticas*), que consistem no domínio da razão sobre os apetites, para formar os bons costumes (*ethos*). Somente as últimas constituem objeto da ética; as virtudes dianoéticas não são virtudes éticas, mas virtudes da razão.

A virtude, como um modo correto de ser, nasce, usualmente, de disposições naturais do ser. Assim, por exemplo, a função própria das mãos é apreender, nisso está a sua virtude. Contudo, como ética, a virtude está fundada na vontade. As disposições naturais, dirigidas pelo exercício da vontade, se transformam em hábitos e são os hábitos que fazem o ser humano virtuoso, na medida em que o ato de virtude não é eventual, mas permanente. A vontade, que direciona os atos virtuosos, é dirigida pela razão, na medida em que é a *reta razão* que serve de fundamento para os atos éticos, ou seja, os atos serão bons desde que realizados segundo os ditames da razão, que conhece o ser e direciona o agir a partir desse conhecimento.

Como já dissemos, as virtudes, são divididas por Aristóteles em *éticas* e *dianoéticas*. As *éticas* se referem ao uso prático da vontade, que deve sempre encontrar o caminho do meio, no sentido de que entre a covardia e a temeridade, existe um justo caminho intermediário, que é a coragem; entre a abstinência e o abuso, está a temperança; e assim por diante. A mais alta das virtudes éticas se encontra na justiça, que é o meio de ser equânime entre todos. De tão perfeita que é a justiça, como virtude ética, ela se assemelha a uma proporção matemática.

As virtudes *dianoéticas* referem-se às capacidades do próprio intelecto: *ciência*, como capacidade de demonstrar; *arte*, como capacidade de produzir qualquer objeto; *sabedoria*, como capacidade de distinguir o bem e o mal para o ser humano. Acima de todas as virtudes *dianoéticas*, está a *sapiência* ou contemplação, que é a capacidade de julgar a verdade dos próprios princípios.

Como não poderia deixar de ser, Aristóteles privilegiou as denominadas virtudes intelectivas ou *dianoéticas* (que propriamente não são éticas), na medida em que colocou a racionalidade como a característica distintiva do ser humano. As virtudes mais elevadas não são as éticas, mas sim as *dianoéticas*, porque estas estão constitutivamente ancoradas no intelecto, que, por si, é racional. Aristóteles, aqui, privilegia o intelecto, como fizeram todos os pensadores anteriores.

Quanto à política, Aristóteles entende que o ser humano é, por natureza, um ser sociável (um "animal político", em sua expressão). Para ser virtuoso, o ser humano necessita de leis e de educação e isso só pode ser feito em sociedade com os semelhantes. A sociedade é uma necessidade natural ao ser humano. O Estado é a instituição social mais perfeita, ainda que última, historicamente, a ser constituída. O Estado tem por função, além de defender os seus cidadãos dos ataques alheios, educá-los física e moralmente.

Não propôs um Estado ideal, como fizera Platão, mas sim quis pensar uma organização da sociedade que fosse razoável e possível de ser adaptada a todos os povos. Para seu entendimento da organização do Estado, segundo se sabe, reuniu e investigou 158 constituições políticas existentes na época; porém, até hoje, dessas constituições, só foi encontrada a cópia da constituição de Atenas; as outras permanecem desconhecidas.

Distinguiu três formas de governo: a *monarquia* (governo de um só); a *aristocracia* (governo dos melhores), e a *democracia* (governo de todos). Para ele, as três formas de governo podem ser adequadas, a depender das condições, da época e das necessidades dos povos. Em todo caso, a melhor forma de governar é aquela que se direciona pela justa medida, o caminho do meio, de modo a evitar os extremos. Existem três desvios do poder: a *tirania*, que garante as vantagens do monarca; a *oligarquia*, que garante as vantagens dos ricos, e a *demagogia*, que é o governo dos indigentes. O desregramento do Estado provém, pois, da subordinação do bem comum ao bem individual. O melhor grupo para dirigir o Estado, segundo ele, nem são os ricos nem são os pobres, mas os médios, que saberão evitar os extremos. A direção do Estado, também, deve ser feita segundo a razão, no sentido de que só a sabedoria da razão será capaz de encontrar o "meio termo" como caminho de conduta adequada.

No que se refere à arte, Aristóteles entende que ela é uma imitação da natureza, mas no seu aspecto ideal, no sentido de que ela cria um ideal de realidade, que, na natureza, é sempre imperfeita. De forma semelhante a Platão, admite que a arte imita a natureza; mas, diversamente dele, entende que a arte recria a natureza, agregando-lhe o ideal de beleza. A arte exprime o desejo do que deve ser e não daquilo que aconteceu. O objeto da arte é o belo, com suas respectivas características de ordem, proporção e harmonia. Dentro desta compreensão, a arte não tem por finalidade somente o deleite, mas também um valor educativo fundamental, pois que, mais do que instigar as paixões, purifica-as. A tragédia, por exemplo, pode purificar o espectador, na medida em que este vivencia, como verdadeiros, os choques das paixões, libertando-se delas. A música é curativa, na medida em que aqueles que, ouvindo-a, são dominados pelo entusiasmo, pelo temor, ou pela piedade, e, por isso, acalmam-se, à semelhança do que ocorre quando tomam um remédio. A arte propicia a catarse e, por isso, traz harmonia e serenidade à alma.

A eloquência tem grande importância na vida política, na medida em que é a arte da persuasão. Usada a serviço da verdade é um bem inestimável para o ser humano. A retórica é a ciência que estuda a eloquência, distinguindo-a em três segmentos, em conformidade com sua destinação: demonstrativa (quando se destina a demonstrar a verdade); judiciária (quando se destina ao uso nos tribunais) e exortativa (quando se destina à persuasão).

A arte é significativa porque auxilia o ser humano na realização de sua perfeição. Alerta para o ideal, cura os espectadores de suas paixões e possibilita a compreensão das coisas a partir da persuasão. Se observarmos, Aristóteles, com a teoria do ser, do conhecer e do agir, cria um grande sistema de compreensão e direção da vida humana. Afinal, respondendo às emergências de seu lugar e de sua época, ele criou um grande sistema de significações para a vida humana naquele momento histórico, transcendendo para muito depois.

A filosofia grega, desde sua primeira meditação sobre o princípio constitutivo de todas as coisas até sua compreensão sistemática do conjunto das experiências do homem em sociedade, permaneceu em uma dicotomia entre o ser e o mutável. A partir de Parmênides, esse foi o tema que ocupou as mentes e os trabalhos dos pensadores, sem que se chegasse a uma solução satisfatória da questão, onde ser e devir se tornassem um todo e não partes separadas. A metafísica grega estabeleceu formulações abstratas que não conseguiram conciliar a mutabilidade visível no cotidiano das coisas e da vida com a ideia de ser. Os gregos não foram capazes de admitir que o mundo dos homens é o mundo mutável do cotidiano e que é nesse cotidiano que ele tem que viver e realizar-se. A compreensão e direção da vida permaneceram dicotômicas.

A filosofia continuou, após os clássicos filósofos gregos, a meditar sobre as diversas emergências de cada tempo e cada lugar. Os problemas emergentes no mundo helenístico-romano fundamentalmente estiveram vinculados às questões da moral e da vida religiosa. Os estoicos e epicuristas procuram compreender e formular um modo de viver em que o sujeito, para viver, deveria proceder a uma assepsia das conturbações do cotidiano; precisaria "ter paz" para viver bem; afinal, consideravam que só em um contexto de imperturbabilidade poderiam viver bem. As grandes questões metafísicas deixaram de ser objeto de suas abordagens.

Não vamos nos dedicar a esses pensadores. Vamos dar um salto para a Idade Média e aí vamos tomar exclusivamente dois pensadores — Agostinho de Hipona e Tomás de Aquino. Eles representam, respectivamente, as duas direções que tomou a filosofia clássica medieval: a direção platônica e a direção aristotélica.

2. Idade Média: cosmovisão metafísico-religiosa

Com o título desta seção, estamos definindo que a Idade Média formulou, do ponto de vista filosófico, uma cosmovisão metafísico-religiosa. O que queremos dizer com isso?

Os pensadores da Idade Média, denominados clássicos, tiveram diante de si os mesmos problemas que foram postos para os filósofos da Grécia antiga. Como dissemos anteriormente, esses dois períodos foram denominados de essencialistas em função da semelhança da abordagem que deram às questões do ser, do conhecer e do agir, priorizando sempre a questão do ser sobre as demais. Todavia, no período medieval, foi acrescentada a questão religiosa à experiência anterior, especialmente via Igreja Católica, que foi constituída por Constantino, no século IV da era cristã, como forma oficial de religião, tendo por base doutrinária as tradições judaico-cristãs. Esse fato punha a revelação religiosa como um elemento novo no contexto da meditação filosófica. Melhor dizendo: a experiência religiosa, que fora oficializada, necessitava de suporte filosófico para sua vigência histórica. Agostinho encontrou em Platão e Tomás de Aquino, em Aristóteles, elementos da razão que pudessem auxiliar a compreensão "racional" da fé religiosa. Assim sendo, as soluções filosóficas para a questão do ser contaram com a mediação da doutrina religiosa católica.

Com isso, os pensadores medievais clássicos continuaram metafísicos, na medida em que estiveram à busca do ser constitutivo e explicativo de todas as coisas, mas, agora, tendo por base a revelação religiosa. Tanto é assim que a filosofia medieval é fundamentalmente uma filosofia tingida de teologia. Chegou-se mesmo a afirmar que a filosofia deveria servir à teologia, como sua serva. *Philosophia ancilla theologiae* — "filosofia escrava da teologia" — é a expressão clássica para explicitar essa relação entre esses dois campos do saber, do ponto de vista católico. Desse modo, parece claro que o período filosófico medieval, sob a égide da dogmática católica, possa ser denominado de metafísico-religioso.

Novamente, a base doutrinária da filosofia não nasce da elaboração teórica sobre a experiência histórica concreta dos seres humanos viventes, mas das lucubrações abstratas, somadas, agora, às religiosas. Apesar de a Idade Média ser riquíssima em variadas experiências culturais e especificamente filosóficas, por força do limite do nosso trabalho, não vamos nos dedicar às suas múltiplas manifestações, que incluem a cabala, a alquimia, as experiências religiosas gnósticas, as experiências místicas, as influências árabes e muçulmanas. Vamos nos ater, como já anunciamos, somente a duas experiências filosóficas, que são a de Agostinho e a de Tomás de Aquino. Agostinho pode ser tomado como um sistematizador doutrinário da primeira experiência cristã, que vai do nascimento de Cristo até o século V, onde foram fixados pontos essenciais da sua dogmática; Tomás de Aquino pode ser considerado o sistematizador do período da escolástica, que se estende até o século XIV, formando um corpo teórico da teologia católica.

Com isso, não estamos menosprezando esse imenso cabedal de valores culturais e humanos do período, mas sim limitando o tratamento ao nosso interesse neste livro.

2.1 Agostinho de Hipona: crer para entender

O cristianismo nasce com a experiência e com a pregação de Jesus Cristo e de seus discípulos e apóstolos. Inicialmente, uma experiência vivida sob a égide da perseguição, marcada pela vitalidade existencial da fé e, posteriormente, com a oficialização do judaico-cristianismo como Igreja Católica, marcada, ao mesmo tempo, pela força e pelas limitações de uma estrutura administrativa oficialmente admitida.

Essas duas situações trazem diferenças fundamentais para a experiência cristã. No primeiro momento, a força está sediada na vitalidade da fé vivenciada e garantida pelo testemunho pessoal; no segundo momento, a força está na estrutura que garante a validade da fé. No primeiro momento está a doutrina em construção, no segundo a dogmática sistematizada.

A experiência cristã trouxe para o âmbito da filosofia a necessidade de se meditar sobre a experiência do cotidiano. As soluções evangélicas para a vida não têm nada a ver com o metafísico. São soluções simples relativas à vida do dia a dia. E, é claro, o cristianismo não deixou, de alguma forma, de separar o cotidiano do transcendente, especialmente quando colocou as questões escatológicas, do retorno da alma para a divindade.

Agostinho vai ser, de certo modo, o sistematizador da experiência cristã até o século V, na medida em que, anteriormente a ele, os autores cristãos (os *padres da Igreja*; por isso, em termos de filosofia, esse período é denominado de *patrística*) se debateram no afã de produzir um ordenamento doutrinário. Foi um período muito polêmico, na medida em que uma doutrina nova, para se estabelecer, tem de agir e reagir em um meio que já tem práticas e concepções arraigadas a respeito do mundo e da vida. A organização da doutrina cristã se debateu com as formulações gregas cristalizadas. Assim, nesse contexto, os padres ditos de tradição oriental ou grega esforçaram-se por harmonizar o pensamento grego com a nova doutrina, e os padres ditos ocidentais ou latinos trabalharam no sentido de exorcizar o paganismo e firmar o valor da doutrina cristã.

Entre os apologetas da igreja que viveram no século II da era cristã, pode-se contar com Justino, Taciano, Atenágoras, Marco Aurélio, Teófilo de Antioquia e Tertuliano de Cartago; Clemente e Orígenes, de Alexandria, viveram no século III e criaram a primeira escola catequética em sua cidade de origem, sendo mais suaves em sua oposição ao mundo pagão e mais construtivos doutrinariamente, procurando formular uma compreensão em que fé e razão pudessem se auxiliar mutuamente, no entendimento e no direcionamento da vida.

Agostinho é considerado o construtor da grande síntese filosófico-teológica da Igreja Católica antiga. Ele meditou sobre as experiências vigentes em seu momento e em seu lugar. Nasceu em Tagaste, Numídia, em 354, tendo por pai Patrício, um pagão, e por mãe, Mônica, uma cristã. Foi mestre na arte da oratória, professou as doutrinas maniqueístas (doutrinas que separam o espírito do corpo e consideram mal tudo o que está ligado ao corpo), converteu-se ao cristianismo, foi batizado em 387 por Ambrósio, ordenou-se sacerdote da Igreja Católica e tornou-se bispo de Hipona, em 395. Faleceu em 430. Foi grande orador e deixou-nos, entre suas múltiplas obras: *De vera religione, Confessionum libri XIII, Soliloquium libri II, Liber de imortalitate animae, De libero arbitrio, De civitate Dei, De Trinitate*.

O ponto de partida da meditação filosófica de Agostinho é o homem, considerado sede de Deus, que mora no seu interior. Na medida mesma em que o ser humano se investiga a si mesmo, investiga Deus, pois que este reside nas profundidades do seu ser. Não há, pois, para ele, como colocar o problema do homem sem pôr o problema de Deus. Já o mundo exterior só faz sentido nesse contexto do homem que tem Deus dentro de si. Ele tem uma fórmula que diz "de fora para dentro e de dentro para Deus", ou seja, o caminho é para o divino, tendo o ser humano como mediador entre o mundo exterior e o divino, que mora dentro dele mesmo. A verdade, pois, está dentro de cada um; é preciso, pela meditação, pela conversa consigo mesmo (*soliloquium*), entrar em contato com ela.

O homem é um inquieto perene que busca sempre; há algo que ele tem e algo que não tem, por isso procura sempre. Se tivesse em si a verdade completa, não a procuraria, pois já estaria pleno em si mesmo; contudo, também, se não tivesse em si alguma parte da verdade, não teria nenhum estímulo para procurá-la, pois que a desconheceria totalmente. A sua inquietação provém, assim, de, em parte, ter a verdade e, em parte, de não tê-la. Tanto a posse plena da verdade como sua ausência plena na consciência do ser humano, por vias diferentes (plena posse da verdade e ignorância total), suprimir-lhe-ia o estímulo da sua busca da verdade.

Para ele, Deus é um ser que se manifesta no interior do homem, mas existe independente dele e o transcende. Daí que Agostinho tenha elaborado uma prova da existência de Deus, por meio da inteligência que só pode conhecer aquilo que existe, uma vez que, se se conhece, é porque existe. O seu argumento está formulado da seguinte maneira: "no homem e no mundo, nada há que seja superior à mente; a mente intui verdades imutáveis e absolutas que são superiores a ela mesma; tem a ideia da existência de Deus; por isso, Deus existe". Não seria possível que a mente tivesse essa ideia indubitável e eterna, se ele não existisse como ser transcendente. A mente humana, imperfeita, não teria a ideia do ser perfeito, caso ele, de fato, não existisse. Nessa perspectiva, provar a existência de Deus é adquirir a consciência da presença dessa verdade em nossa mente.[8] Se descobrimos Deus em nossa mente e provamos sua existência por essa presença, temos de admitir que nada podemos dizer diretamente sobre ele, devido ele ser incognoscível. Sobre ele, nós só podemos fazer afirmações por analogia, ou seja, tomamos as qualidades humanas superiores e as atribuímos a Deus, ao infinito. Assim, se o ser humano é inteligente, Deus é inteligentíssimo; e, assim, por diante.

Sobre o mundo, admite que foi criado por Deus do nada; porém, isso não exclui que, criado, o mundo tenha progresso e transformação. Deus criou o mundo imperfeito e com muitas indeterminações. É o desenvolvimento que vai possibilitar a emergência de novas e mais perfeitas formas no mundo. Deus colocou, na matéria originária, germes latentes que se desenvolverão com o passar dos tempos, mas que não trarão mudanças nas essências. A evolução é interna. Ao criar o mundo, as essências (sementes) se desenvolverão, porém, não perderão suas qualidades intrínsecas. As essências permanecem constitutivamente as mesmas, apesar de, na evolução, ganharem manifestações externas diferentes. Um ser humano, no seu processo histórico de vida, modifica-se, mas sua essência é a mesma; a história se processa, mas sua essência é a mesma (dirigida para Deus a partir de dentro). Pode haver (e há) a mudança, mas sem admitir que haja a possibilidade da transformação da essência das coisas. Elas são *seminais*; estão na base, desde o início. Vamos dizer que o movimento em Agostinho é um movimento interno, que aperfeiçoa aquilo que já existe. O movimento não cria, somente aperfeiçoa aquilo que já existe; quem cria é Deus.

Deus é o princípio eterno, criador de todas as coisas; ele é o ser. Ele é em si; não muda; é pleno. O mundo foi criado por Deus e, como criado, não é necessário, mas contingente. Deus o criou por sua livre

---

8. Uma outra versão desse argumento é assim formulada: há uma verdade eterna e imutável presente no pensamento humano; o pensamento não é a razão suficiente dessa verdade; portanto, Deus, de fato, existe, sendo a razão suficiente dela. Evidentemente que esse argumento de Agostinho, ainda que seja rico do ponto de vista do sentimento, do ponto de vista da lógica é profundamente vulnerável.

vontade; poderia não tê-lo criado, pois Deus é um ser que se basta a si mesmo, desde que ele é plenitude. A contingência é o fundamento metafísico da história. Se o mundo fosse necessário, seria pleno e eterno, o que não possibilitaria a história, que significa movimento na duração. Só há história onde há criatura, que, por si, é contingente. A contingência implica o tempo, que é a expressão da duração, com um passado, um presente e um futuro, em que as coisas nascem, duram e desaparecem.

No que se refere ao mundo, criado e contingente, Agostinho enfrenta o problema do mal. Fôra maniqueísta em sua juventude, e, apesar de ter renunciado à sua doutrina, ficou com a sua problemática. Os maniqueístas dizem que existem dois princípios no mundo: o do bem e o do mal, em eterna luta. Compreendendo que a corruptibilidade existe, mas que não é constitutiva do real, Agostinho encontra a sua saída para o problema do mal. Argumenta ele que, para que alguma coisa se corrompa, é preciso que seja um bem; caso não fosse um bem, não se corromperia. Então, as coisas que existem, pelo fato de existirem, são boas. Então, o mal é entendido como uma *deficiência do bem, que é devido ao ser*. O mal não existe por si (como um ser), mas só como privação de um bem que é devido ao ser.

Nesse sentido, distingue o *mal metafísico* e o *mal moral*. Quanto ao mal metafísico (constitutivo), diz que Deus criou todas as coisas como boas, mas o ser das criaturas não é pleno; se assim fosse, seria igual a Deus. As criaturas, por serem criaturas, contêm limitações dentro de si, permanecendo verdadeiro o fato de que o existir é um bem. Entre as coisas criadas, há ordem e hierarquia; as menos perfeitas, as que têm menos ser, são subordinadas às mais perfeitas. O homem é, entre as criaturas, o mais perfeito; por isso, está no topo da criação. O *menos ser* é o mal metafísico, que é uma privação do ser como bem, mas não é a sua negação. Cada existente, no seu nível, tem a sua perfeição, que é um bem. Ou seja, o que nós chamamos de mal é uma carência de ser, uma privação, mas não uma negação. Constitutivamente, o mal não existe. O mal moral é o pecado, próprio das criaturas racionais, dotadas de livre-arbítrio. O livre-arbítrio, por si, é um bem; é um dom de Deus.

Mal pode ser o que fazemos do nosso livre-arbítrio. Pecamos devido ao amor que dedicamos às coisas inferiores em detrimento de Deus, sumo bem. Esse distrair-se com as criaturas é que é o mal moral, que também não é uma positividade, mas uma carência de um bem que se deve ao ato, decorrente de um defeito de nossa vontade. Portanto, o mal moral decorre do uso que o homem faz das criaturas pelo seu livre-arbítrio. O mal moral está no homem e não em Deus.

Agostinho encontra a solução para a fragilidade no mundo com a ideia da contingência do criado e com o fenômeno da privação do bem. Enquanto os gregos viam no mundo mutável a sua constituição de não ser, Agostinho compreende os existentes como seres, mas de uma qualidade inferior à qualidade do ser (divino). Ou seja, os existentes têm um ser, ainda que menor em qualidade; os seres existentes foram criados pelo ser divino e "participam" do seu ser.

Quanto à psicologia, Agostinho concebe a alma como espiritual e imortal, criada por Deus; é simples e una; encarnada no corpo. Ela é incorpórea, mas unida a um corpo. A alma foi criada para este corpo no qual está encarnada. Eis aqui uma das heranças platônicas, na medida em que a alma vem de fora. Todavia, o corpo, para Agostinho, não é mal (como para Platão), mas um bem; a alma vive nele, o protege e o guia. Não pode submeter-se aos desejos do corpo, o que seria o mal, mas sim dirigi-lo aos seus fins.

Demonstrou a existência da alma de maneira semelhante ao modo como demonstrou a existência de Deus: pela presença desse dado na mente. A mente tem consciência de si mesma; e, sendo assim, sabe que é incorpórea. A alma conhece-se a si mesma, pela sua presença na mente, que conhece as coisas que existem. Então, seria impossível que a consciência tivesse a ideia da alma como um ser, se ela não tivesse a existência. Ela tem a vida, *per se*, isto é, é indestrutível; não pode abandonar a vida, uma vez que a vida a constitui. A ideia da imortalidade da alma está implícita no próprio ato com o qual a alma sabe que existe, vive e pensa, isto é, com o ato pelo qual confirma sua existência na mente. A mente se conhece a si mesma e, neste seu conhecimento, sabe que não é corpórea e, consequentemente, é imortal.

O homem é livre como um dom dado por Deus. Agostinho concebe, a partir de sua visão judaico-cristã, que o homem foi criado por Deus com dons sobrenaturais e preternaturais (poder de não morrer, de não sofrer...). O homem era livre e capaz de escolher entre o bem e o mal, com inclinação para escolher o bem. Para conservar esse bem, segundo Agostinho, Adão era ajudado pela graça divina; porém ele pecou e foi abandonado por Deus. Adão se corrompeu e, com ele, toda a humanidade; nele existia a natureza seminal (aquela que dá origem a todas as coisas por evolução). Assim, Adão perdeu a liberdade plena, restando-lhe a liberdade de escolha (o livre-arbítrio). Então, Deus, na sua bondade, concedeu ao homem a graça de sua remissão, através da encarnação do seu Filho, Jesus Cristo. A graça, como dom gratuito de Deus, é condição para que o homem faça uso adequado de seu livre-arbítrio. Pela graça o homem participa da redenção, restaurando a sua semelhança com Deus, tornando-se capaz de obras meritórias na ordem sobrenatural. A graça ainda auxilia o homem na obtenção da fé, incitando a vontade a querer o bem e praticá-lo.

Agostinho deu tanta importância à graça de Deus como condição de uma vida sadia do ser humano, que foi chamado de o "Doutor da Graça". Só com o auxílio da graça o homem restaura a sua perfeição. E a perfeição, em termos de liberdade, ocorrerá no momento em que a vontade, auxiliada pela graça, só conseguir escolher o bem, desaparecendo a liberdade de escolha, que também pode escolher o mal. Aquele que escolhe o mal não é livre, mas escravo da vontade. Chega à perfeição aquele que só é capaz de escolher o bem; ele já não pode mais escolher o mal.

Nesse contexto, distinguiu a *liberdade menor* da *liberdade maior*: a primeira pertence exclusivamente ao homem, que pode escolher entre o bem e o mal; a segunda pertence ao homem, auxiliado pela graça divina, que o conduz a escolher exclusivamente o bem. Portanto, para ele, a graça não nega a liberdade, mas sim dá-lhe um fundamento verdadeiro, na medida em que a liberta do erro. O homem que, auxiliado pela graça, chega a esse modo de ser, é livre.

Em síntese, Agostinho sacralizou Platão, na medida em que admitiu que a alma, criada por Deus, habita o corpo e deve buscar sua perfeição, voltando-se para Deus, até atingir o estágio em que, auxiliado pela graça, possa exclusivamente escolher o bem. Aí, então, terá reencontrado Deus. Platão pensa na alma que retorna ao mundo das Ideias.

Nesse ponto, o itinerário do ser humano, na busca de si mesmo, se conclui, na medida em que seu coração se encontra consigo mesmo. Em sua autoinvestigação, o homem se reconhece como criatura de Deus, feito à sua imagem e semelhança.

2.2 Tomás de Aquino: entender para crer

Alguns séculos depois de Agostinho, especificamente no século XIII, viveu Tomás de Aquino, considerado outro clássico pensador medieval. Enquanto Agostinho sacralizou Platão, utilizando-se dos dados da revelação judaico-cristã, oficializada pela Igreja Católica, Tomás de Aquino, utilizando a mesma fonte religiosa, sacralizou Aristóteles. Mas ambos se opõem em seu modo de ver o mundo. Agostinho é mais coração e Tomás de Aquino mais razão, tanto é assim que, em Agostinho, importa "crer, para entender" e, em Tomás de Aquino, importa "entender, para crer".

Entre o fim do século IV e o século VIII, parece não ter havido um movimento significativo de produção cultural. É com o denominado *Renascimento Carolíngeo*, no século VIII, que há uma retomada construtiva da cultura. Alcuíno, um monge inglês, foi encarregado por Carlos Magno de restabelecer o ensino na corte francesa, que posteriormente se estendeu para as escolas. Pelo ensino da "dialética" renasceu o interesse pela filosofia. O *magister scholae* ou *scholasticus*, em seu ensino, lia e comentava textos, emergindo, daí, questões de metafísica, psicologia, moral, dando origem a um novo grande período para a filosofia, que recebeu o nome de escolástica ou "filosofia das escolas" (escolas teóricas dos beneditinos, dos episcopais, dos dominicanos e dos franciscanos). Por filosofia escolástica entende-se a filosofia predominante no período compreendido entre os séculos XI e XIV, ensinada comumente nas "escolas", por meio do domínio religioso oficial da Igreja Católica, o que representa a filosofia católica da Idade Média. Entre os problemas que mais ocuparam a mente dos escolásticos, nesse período, esteve a relação entre razão e fé e as questões daí decorrentes.

Muitos pensadores poderiam ser estudados nessa fase, tais como Johannis Scotus Erígena, Anselmo de Aosta, Pedro Abelardo, Bernardo de Clairvaux, Boaventura, Alberto Magno etc., porém vamos nos ater a Tomás de Aquino, que foi o pensador mais pujante da escolástica.

Nasceu em 1227, em Roccasecca, na Itália, e teve suas primeiras instruções em Montecassino. Em 1243, entrou para a Ordem de São Domingos e ensinou em Paris, Roma e Nápoles. Faleceu na abadia de Fossanova, em 1274, durante sua viagem para o Concílio de Lião. Foi um pensador fecundo no que se refere à quantidade de suas obras e cuidadoso na produção de sua meditação. Produziu duas grandes obras filosófico-teológicas: *Summa theologiae* (sua obra fundamental) e *Summa contra gentes*; além de ter escrito *Quaestiones disputatae* e *Quaestiones quodlibetales* (que reuniam questões particulares que mereciam discussão e clareamentos); escreveu, ainda, comentários das obras de Aristóteles e opúsculos, tais como: *De ente et essencia*; *De aeternitate mundi*; *De unitate intellectus contra averroistas*; *De principio individuationis*; *De regimine principium*.

A questão emergente enfrentada por Tomás de Aquino foi a relação entre natureza e sobrenatureza, razão e fé. Havia, naquele momento da história, uma querela permanente no seio dos religiosos a respeito da relação do mundo mutável das coisas e do homem com o mundo divino, expresso pela revelação judaico-cristã. Tomás de Aquino entrou nessa temática com sua meditação, utilizando-se, para tanto, de um lado, da herança aristotélica, que recebeu por meio dos árabes, que a haviam trazido para o ocidente e, de outro, da doutrina católica da revelação. Serviu-se do pensamento aristotélico para dar fundamentação racional às experiências da fé, na tentativa de responder às necessidades do momento histórico em que viveu.

Esforçou-se para demonstrar que fé e razão não se opõem, pois que ambas derivam de Deus; assim sendo, não haveria verdades discordantes entre esses dois níveis. Elas são distintas, mas integradas. Com esse entendimento, colocou a filosofia, como pensamento racional, a serviço da teologia, que é uma forma de pensar a partir da fé. A filosofia deve oferecer uma compreensão racional das experiências da fé, de tal forma que a fé não pareça ser irracional. Caso haja uma discordância entre um argumento da teologia e um argumento da filosofia, esta última deve rever sua argumentação, desde que não pode contestar um argumento da fé que é mais elevado que o da razão.

Para ele, razão e fé possuem domínios diferentes de tratamento; a filosofia trata das questões da verdade natural, a teologia trata da verdade sobrenatural; são verdades que não se contradizem, mas também não se confundem. A filosofia auxilia a compreensão da teologia e nela se conclui; a teologia é considerada a culminância da filosofia. Tomás reconhece na filosofia um campo próprio e distinto do pensamento, contudo, não admite que ela possa contradizer a teologia. As verdades da teologia são suprarracionais e não antirracionais ou irracionais, o que justifica o seu entendimento de que entre razão e fé não pode haver contradição. É no contexto desse suporte teórico básico que constrói o seu sistema de entendimento do mundo e da vida.

Retoma a concepção metafísica aristotélica do ser, infundindo-lhe as doutrinas religiosas católicas. Tudo aquilo que existe é *ser*, ou seja, possui uma essência que o faz ser. Além dos conceitos de matéria e forma, acrescenta os de *essência* e *existência*. A essência é aquilo que define alguma coisa por suas características próprias; a existência é aquilo que a faz existir. A essência necessita da existência para ser. Neste caso, a essência é potência para existir e a existência é o ato de existir. Contudo, a essência não passa à existência sem a ação de um terceiro em ato; essa passagem se dá por um ato criativo de Deus. Deus é o ato eterno, plenamente atualizado, que sustenta a possibilidade das mudanças. Os seres finitos, para Tomás de Aquino, em seus processos de passagem da essência à existência só podem ser explicados por Deus, que é pleno ato e, por isso mesmo, não tem mais possibilidades de mudança em si mesmo. As criaturas não se explicam por si mesmas. Elas exigem o ser divino e isso prova a sua existência.[9]

O ser de Deus é predicado diferentemente do ser dos seres finitos. Em Deus, essência e existência se implicam mutuamente. Ele é o ser pleno e, por isso, sua essência implica sua existência, que é uma perfeição. Uma essência sem uma existência é somente uma potência e não um ato. Deus não pode ser uma potência, mas sim um ato na sua plenitude; o que implica sua existência (sem a existência ele não seria pleno). Há uma semelhança e uma diferença entre o ser das criaturas e o ser de Deus. Só por analogia podem ser comparados. Seus conceitos não são unívocos, mas equívocos. Nas criaturas, a essência pode ser separada da existência, mas, em Deus, não. As criaturas são contingentes (podem existir ou não), porém, Deus é necessário.

A relação entre o ser das criaturas e o ser de Deus dá-se por semelhança e participação. As criaturas possuem semelhanças com o ser de Deus e dele participam, mas não em plenitude, e sim na sua contingência. Daí que Tomás de Aquino distinguiu duas ciências básicas: a metafísica como ciência dos entes existentes (as criaturas), cujas verdades são naturais, e a teologia como ciência de Deus, cujas verdades são sobrenaturais, uma vez que reveladas. Em razão de suas características próprias, a primeira está subordinada à segunda.

---

9. Tomás de Aquino procura provar a existência de Deus pela razão. Pela fé, admite a existência de Deus, uma vez que este é um dado da revelação; mas a razão deve demonstrar sua existência. Para isso, Tomás de Aquino utiliza-se das clássicas cinco vias, que são: do *Motor Imóvel* (aquele que dá origem a todo movimento); da *Causa Primeira não Causada* (Deus é a causa última de todas as coisas, mas ele mesmo não é causado); da *Contingência* (as coisas são finitas e contingentes, por isso, deve existir um ser que é necessário — Deus —, que dá origem a todas as coisas); do *Ser Perfeitíssimo* (todas as coisas têm um grau de perfeição, por isso deve existir um ser perfeito — Deus); da *Inteligência Ordenadora do Universo* (o mundo é ordenado, de tal forma que se manifesta como um cosmo; isso implica uma inteligência que o ordenou).

Por outro lado, o mundo, como criatura de Deus, não é necessário, mas contingente. Tem o ser como ser finito, cuja existência depende da vontade infinita de Deus, que, na sua bondade, decidiu criar todas as coisas. Na essência do existente, pois, não está contida a existência. A existência é dada livremente por Deus. Só na essência do ser infinito está contida a existência.

Utilizando-se dos princípios lógico-formais de Aristóteles, Tomás de Aquino formula os princípios fundamentais da teoria do ser, segundo sua concepção metafísico-religiosa: "o ser é aquilo que é"(princípio de identidade); "o mesmo ser não pode, ao mesmo tempo, ser e não ser" (princípio de contradição); "num mesmo lugar e tempo, um ser ou é ou não é, não há uma terceira possibilidade" (princípio do terceiro excluído); e acrescentou o princípio de causalidade: "todo ser existente, que não tem a existência em si mesmo, tem sua causa num outro ser".

O ser possui qualidades que, para ele, são transcendentais, ou seja, pelo fato de existir como ser, obrigatoriamente, implica a posse dessas propriedades, que são: a unicidade, a veracidade, a bondade e a beleza. O ser é *uno* (ele não pode ser dividido; caso isso aconteça deixa de ser); todo ser, em si, é o que ele é e, por isso, é *verdadeiro* (no ser, por si, não há falsidade, ele é metafisicamente verdadeiro em sua constituição; o nosso conhecimento dele é que pode ser falso, devido ao nosso limite no ato de conhecer); todo ser é *bom*, ele foi criado bom (se há algum mal, este é uma carência de bem devido ao ser; aqui, Tomás de Aquino retoma Agostinho de Hipona); todo ser, por si, é *belo* (a beleza é a perfeição do ser, que existe em ato; todo ato, por ser ato, tem sua perfeição e, consequentemente, sua beleza). Essas qualidades transcendentais pertencem a tudo o que existe e devem guiar sua existência.

No que se refere ao processo do conhecimento do mundo, Tomás de Aquino, retomando Aristóteles, diz que conhecemos a essência das coisas por meio de um processo de abstração, que vai da sensação, que forma a percepção, que, por sua vez, forma a imagem (ou fantasma), que, desmaterializada, por força do intelecto, forma o conceito universal. Nós, portanto, conhecemos a essência das coisas, a partir das próprias coisas. Contudo, diz ele que as essências, como "modelos ideais" dos entes criados, antes de existirem na realidade natural, preexistiam no pensamento divino. O processo de criação do ser é descendente: vai da preexistência da essência (modelo do existente) para a existência real; o processo do conhecimento do ser é ascendente: vai do real em busca da essência pela abstração.

O intelecto do ser humano é receptivo; no seu ato de conhecer, ele recebe a essência do objeto e a verdade se torna, então, a adequação do intelecto à configuração essencial da coisa. Ou seja, o conhecimento tem por base a *intencionalidade*, que significa que a inteligência se direciona para captar o objeto na sua essência, como é. Assim procedendo, capta o objeto como é, o que vai permitir dizer que a verdade é a adequação da inteligência ao modo de ser do objeto. A inadequação da inteligência ao modo de ser do objeto é a falsidade do conhecimento. O mundo da realidade é, desse modo, a medida da veracidade do nosso conhecimento. Deus conhece todas as coisas na infinitude de sua intuição plena e instantânea, por isso, não tem erro; nós conhecemos o mundo por abstração, por isso temos a possibilidade de incorrer no erro.

Da sua concepção metafísica do mundo e da sua concepção do conhecimento decorrem sua compreensão do ser humano como sujeito do agir.

O ser humano é composto de corpo e alma, sendo que esta última está unida ao corpo de modo indissolúvel, de tal forma que a sua separação desfaz o indivíduo. Retoma de Aristóteles a compreensão de que a alma é a forma do corpo; todavia, como pura forma é espiritual e sua função é intelectiva, supraorgânica. As intelecções e volições são próprias da alma e independentes do corpo. Contudo, apesar de imateriais, a intelecção e a volição estão ligadas ao corpo. Então, Tomás de Aquino entende que a faculdade da inteligência, ainda que dependente, *extrinsecamente*, do corpo, *intrinsecamente* (na sua essência) ela é independente dele. Como substância, a alma é separada do corpo. Assim sendo, a alma é imortal, uma vez que ela é forma, criada por Deus, diversa e separada do corpo, que é matéria; ela não é corruptível como o corpo o é. O intelecto conhece o ser como perfeição, e, por isso, no seu agir como intelecto, também aspira à perfeição. O desejo natural de perfeição, por ser natural, corresponde à própria constituição do ser e do intelecto que o conhece.

A moral tomista é uma consequência de todo o seu arcabouço metafísico, gnoseológico e antropológico. A vontade é a faculdade que apetece o bem. À semelhança do fato de que o objeto do intelecto é o ser sob a forma do verdadeiro, o objeto da vontade é o ser sob a forma do bem. Uma ação que é objetivamente boa, corresponde ao grau de sua apetência; porém, se ela é objetivamente má, está em desconformidade com o ser, que é bom por si. Uma ação é subjetivamente boa, se realizada conforme a consciência da ordem dos seres, ou seja, em conformidade com a qualidade do ser em si. No ver de Tomás de Aquino, o intelecto conhece o ser e, por isso, pode dar direção à ação em conformidade com as qualidades do ser.

De um lado, a liberdade existe devido à nossa fragilidade no conhecer o ser. Se o ser humano pudesse apreender o ser divino, absoluta perfeição, não haveria mais liberdade de escolha, pois que estaria totalmente voltado e dedicado à essa perfeição. Contudo, nesta experiência de vida, o intelecto só apreende os seres contingentes, diante dos quais a vontade não é exigida em sua plenitude; daí ser possível o livre-arbítrio. De outro lado, ela existe como autodeterminação. Se o querer fosse absolutamente definido, não haveria o querer. Na prática do querer, a vontade segue o intelecto; ou seja, o conhecer precede o querer; mas, também, a vontade fixa o intelecto em um ou em outro juízo, no sentido de fixar a escolha de um deles, tendo em vista ser praticado. Nesse caso, a liberdade funda-se na vontade que, sendo eliciada pelo conhecer, estabelece a escolha entre bens possíveis.

Quando a vontade escolhe em desconformidade com o intelecto, que conhece a essência das coisas, dá-se o mal. O bem moral, portanto, é a prática de atos em conformidade com a essência desvendada pelo intelecto e o mal moral é a prática de atos em desconformidade com o entendimento do ser. Ou seja, o ato moralmente correto é praticado segundo a *reta razão*, o que quer dizer em conformidade com a razão que conhece o ser. Um ato é culposo quando o ser humano, deliberadamente, decide agir de modo diverso daquele que é a ordem natural e, pois, racional (ou seja, conhecida pelo intelecto).

O fim da ação humana é a sua perfeição, na medida em que todo ser tende à sua perfeição. A perfeição última se realiza em Deus, que é plenitude; o ser humano aspira a esse fim último, por isso está sempre insatisfeito, em busca da perfeição; ou seja, o fim da ação moral humana transcende sempre o ser humano em sua experiência de vida.

Para regular nossa ação, portanto, necessitamos conhecer a lei natural, que é a lei que está intrínseca em nosso ser, que, por si, não é necessário, mas criado à imagem e semelhança de Deus, que é o sumo ser e, por isso, o sumo bem. Não é necessário conhecer a essência divina para poder possuir a norma moral, uma vez que a ordem do ser humano se encontra intrínseca a ele mesmo, criado à imagem e semelhança de Deus. Para se chegar à plenitude da vida, o ser humano possui o caminho das virtudes morais e teologais. As virtudes morais são: prudência, temperança, justiça e sapiência; as virtudes teologais são: fé, esperança e caridade. Estas últimas provêm de sua visão religiosa católica.

Em síntese, o agir humano será moralmente bom se for praticado em conformidade com as qualidades do ser, que são conhecidas pelo intelecto. Aqui, voltamos a verificar como Tomás de Aquino é aristotélico, privilegiando o intelecto e a racionalidade.

No que se refere à organização política da sociedade, Tomás de Aquino distinguiu três tipos de leis que geram a vida humana: a lei natural, comum a todos os homens, que está relacionada com a conservação da vida, a geração e educação dos filhos, a busca da verdade...; a lei positiva, constituída pelos homens em sociedade, tendo em vista gerir o seu bem comum; a lei divina, que está inscrita por Deus na natureza e que guia cada homem para o seu fim. O Estado deve ser regido pelo direito positivo, que deve ter por base o direito natural, posto por Deus na natureza. Assim sendo, não pode haver contradição entre os poderes civil e religioso, pois ambos devem estar a serviço do ser humano, cujo fim último é Deus.

Repete Aristóteles ao dizer que o homem é um animal político e que necessita da comunidade para viver bem; e que, por isso, o Estado é uma necessidade natural. Toda autoridade deriva de Deus; por isso, respeitá-la é respeitar Deus e suas leis. Quanto à forma de governo, acredita que todas são boas, desde que respeitem os direitos da pessoa humana. Contudo, sua preferência era pela monarquia. A tirania, para ele, era a pior forma de governo, desde que fonte de todos os males. O Estado necessita reconhecer os direitos do indivíduo e da Igreja. Assim como razão e fé têm dois campos distintos, Estado e Igreja têm duas áreas diversas de atuação, em razão de seus fins específicos. Como não deve existir conflito entre razão e fé, também não deve existir conflito entre Estado e Igreja. Esta última conduz os seres humanos para suas finalidades últimas, por isso o Estado deve estar subordinado à Igreja, que tem o papa como o seu chefe, responsável pelo governo religioso da humanidade.

Em síntese, podemos repetir o que dissemos anteriormente: Tomás de Aquino sacralizou Aristóteles, utilizando-o para os seus objetivos de construir argumentos racionais que sustentassem as experiências da fé. Em todos os níveis — metafísico, gnoseológico, antropológico, moral e político —, submeteu a filosofia aos argumentos religiosos católicos. Em razão disso, construiu um sistema metafísico-religioso.

Após a sistematização do pensamento escolástico por Tomás de Aquino, a Idade Média ainda enfrentou querelas doutrinárias, tais como o voluntarismo agostiniano, por meio de Johannis Duns Scotus, com o nominalismo, por meio de Guilherme de Ockam. Porém, esses são temas aos quais não vamos nos dedicar neste texto.

Concluindo a abordagem que demos aos períodos antigo e medieval, do ponto de vista do exercício do filosofar, podemos retomar nossa afirmação inicial de que esse longo período perseguiu a problemática filosófica tendo por fio condutor a questão metafísica, ou a questão do ser. No início, a preocupação era com o ser constitutivo de todas as coisas e, depois, com o ser como fonte da realidade, do conhecer e do agir. Nesta perspectiva, podemos confirmar que, nesse período, foi constituída uma cosmovisão essencialista metafísica abstrata e metafísica religiosa da vida. A antiguidade articula-se com o estudo abstrato do ser, e a medievalidade com o estudo natural do ser como suporte para as crenças religiosas católicas; afinal uma visão dicotômica, de um lado a natureza, de outro, a divindade.

Capítulo 7

Caminhos históricos do filosofar: Idade Moderna — o problema do conhecimento e da organização social

Buscar conhecer a problemática filosófica da Idade Moderna nos remete a articular-nos com o seu processo histórico, pois, a filosofia, como vimos definindo, é uma forma de compreender o mundo, que se elabora a partir das emergências de determinado período de tempo e de determinado espaço geográfico e social.

Tomaremos como Idade Moderna o período que se inicia com o Renascimento e vai até a primeira década do século XIX. Esse foi um período de conflitos intelectuais, intenso movimento artístico e muitas crises. No plano econômico, o período caracterizou-se pela transição da economia feudal, voltada para a subsistência, para a economia de mercado. Os séculos XV a XVII foram marcados pela Revolução Comercial, impulsionada pelas grandes navegações, que, além de servirem para interligar o mundo, desenvolveram a economia mercantil, fortaleceram a classe burguesa e representaram uma forma de o ocidente buscar diminuir a dependência econômica em que vivia frente ao oriente, de onde comprava grande parte do que necessitava.

No plano religioso, o período foi marcado por grande crise, ocasionada pela qualidade do clero, que não inspirava confiança aos fiéis, pela incoerência entre o que dizia e o que praticava e pela insatisfação da burguesia em decorrência das restrições que o catolicismo fazia ao comércio e ao lucro. Tal crise se consubstancializou no movimento da Reforma e da Contrarreforma. O primeiro, caracterizado como contrário à Igreja, consistiu no surgimento de inúmeras seitas protestantes, enquanto o segundo foi o movimento de reação esboçado pela Igreja contra a crise vivida.

Nos campos político e social, o momento caracterizou-se pela substituição do estado feudal, marcado pela fragmentariedade, pelos estados nacionais centralizados, bem como pela substituição da sociedade rural pela urbana, dando grande impulso às cidades e, por sua vez, à burguesia. Em decorrência dessas alterações histórico-sociais, surgiu no período um movimento intelectual, denominado Renascimento, que consistia em uma forma laica de expressão da cultura burguesa, abrangendo o campo literário, filosófico e científico.

Nesse contexto, o conhecimento e a organização da sociedade apresentaram-se como os dois temas fundamentais para o filosofar na Idade Moderna. Havia necessidade de um novo modo de conhecer, diverso do medieval, bem como de uma nova forma de sociedade, a fim de atender às novas exigências econômicas, políticas e sociais.

Com isso, a filosofia moderna se caracterizou de um lado pela preocupação com as questões do conhecer capazes de produzir a nova ciência, ou seja, recursos que pudessem proporcionar a passagem da especulação metafísica para as explicações experimentais. De outro lado, caracterizou-se pela compreensão de um novo modo de ordenar a sociedade, especialmente no relativo à administração do poder, que, de absoluto, deveria passar a ser dividido em três: Executivo, Legislativo e Judiciário, que só viria a ter sua formulação mais definida com a Revolução Francesa.

Assim, a modernidade nasceu sob o domínio da razão, de modo a exigir a submissão dos indivíduos aos princípios universais por ela defendidos. Porém, tentou romper com essa relação em defesa da liberdade humana, a qual não seria possível mediante princípios universais e sim por meio de leis e contratos sociais firmados pelos indivíduos. Mesmo diante da alteração que fizeram na ordenação e hierarquia do cosmo e no estabelecimento de novas formas de conhecer, visando a atingir o nexo causal das coisas, ou seja, a identificar suas diferenças e semelhanças, o domínio da razão se manteve, pois, adjudicaram-lhe o poder de julgar os dados fornecidos pelos sentidos.

Embora havendo discordâncias entre os pensadores do período, quanto a aceitarem a razão como sendo ou não portadora de ideias inatas, não tinham dúvidas quanto a ser ela a fonte natural do conhecimento, e possuidora de poderes para atingir a verdade, independentemente de qualquer força superior. Com isso, a modernidade desestruturou a ideia cristã que via o mundo como hierarquicamente ordenado, onde o lugar ocupado determinava a importância dos seres, e substituiu-a por um mundo imperfeito, sem começo nem fim e um espaço neutro, sem hierarquias nem valores. Isso exigia uma nova forma de enfrentamento da realidade, que desse conta de uma explicação convincente sobre o mundo e a forma de conhecê-lo. Ou seja, de uma nova maneira de compreender a nova ordem social.

Os pensadores da Idade Moderna no geral trataram, ao mesmo tempo, dos dois assuntos, tais como Locke, Hobbes, Kant e Hegel; porém, alguns deles trataram mais especificamente de um desses temas, como Galileu, Bacon e Descartes, que deram mais atenção à questão da ciência; Maquiavel, Montesquieu e Rousseau atentaram mais para a política. Isso como tendência, uma vez que ocasionalmente todos eles sinalizaram ambos os temas. Assim, seguindo esses interesses, alguns enfoques se impuseram, formando concepções, entre elas o racionalismo, o empirismo, o criticismo e o idealismo.

I. A concepção racionalista

Racionalismo vem do latim *ratio*, que quer dizer razão, entendimento. A concepção racionalista coloca na razão a fonte de todo o conhecimento. Só ela seria capaz de nos levar a conhecimentos universalmente válidos, uma vez que os sentidos e a experiência nos proporcionariam apenas ideias confusas e contingentes. Assim, o conhecimento não se limita aos fatos, penetra na essência dos mesmos e os ultrapassa. Acredita na existência de um mundo de essências, intrinsecamente verdadeiro, capaz de ser intuído pela inteligência humana. O conhecimento oriundo da experiência não pode ser definido como verdadeiro, pois sofre as variações dos fenômenos e se modifica com as alterações desses. Ciente disso, o racionalismo procura trabalhar com verdades provenientes dos processos racionais e não somente da experiência. Para ele, o caminho capaz de levar à essência das coisas seriam as verdades oriundas da intuição pura e abstrata, portanto racional.

O caminho seguido pela concepção racionalista foi uma forma de responder às novas exigências histórico-sociais, para as quais as explicações de mundo, baseadas em verdades absolutas e ditadas pela razão divina, já não satisfaziam. Contudo, mesmo tentando romper com as explicações metafísicas, não deixa de ser uma derivação delas. Primeiro, por negar a importância do conhecimento sensorial, conduzindo o saber a um formalismo, convertendo o conhecimento humano em um saber discursivo e conceitual. O desdenho das sensações limita o conhecimento e converte as ideias a conceitos formulados pelo intelecto.

O racionalismo, como doutrina filosófica, foi formalizado a partir de Descartes, pela teoria das ideias inatas. Ele encontrou na matemática o modelo adequado de conhecimento, pelo seu grau de abstração e de desvinculamento das sensações, por entender que todo conhecimento verdadeiro decorria de princípios necessários e apriorísticos, tendo como fonte a razão humana.

Considerando que o racionalismo desenvolvido no século XVII, por René Descartes e seus seguidores — Malebranche, Espinoza e Leibniz —, colocou as questões básicas para a superação das concepções medievais, apontaremos, sinteticamente, como ele trata, naquele momento, essas questões.

O pensador francês *René Descartes*, que viveu entre 1596 e 1650, pode ser considerado o pai do racionalismo moderno. Em seus estudos, ele não fugiu de temas como Deus, a alma, o mundo e o pensamento.

Essa continuidade com os temas medievais expressa-se principalmente no seu esforço para conciliar a fé cristã com os princípios da ciência nascente e para encontrar uma forma de explicação da ordem social que não levasse ao ateísmo nem ao materialismo; o que não podia ser feito pela via da fé, dada a situação de desestruturação em que a mesma se encontrava na Europa, onde a luta pelo poder dividia os fiéis em católicos e protestantes.

Porém, seu pensamento expressa, também, uma ruptura com o período medieval, na medida em que inaugura um novo modo de filosofar, expresso em suas obras. Considerando o conhecimento produzido nos períodos anteriores como sendo problemático e frágil por ter se baseado em probabilidades, tentou construir um conhecimento seguro e embasado na razão.

Admitia que a razão era um patrimônio de todo ser humano; contudo, nem sempre bem utilizado. Tornava-se necessário construir um novo método de pensar o mundo, fundamentado na razão, único caminho capaz de levar os homens a um conhecimento verdadeiro e seguro.

Com essa preocupação, ele passou a vivenciar a dúvida, assumindo como falso tudo aquilo que não fosse indubitável; assim, tomando a dúvida como método e não como uma atitude cética, ele construiu um método para o conhecimento baseado no rigor matemático e na organização racional. Um método que, como ele mesmo definia, deveria "[...] rejeitar como absolutamente falso tudo aquilo que pudesse imaginar a menor dúvida, a fim de ver se, após isso, não restaria algo em meu crédito, que fosse inteiramente indubitável".[1] Considerando os equívocos que eram possíveis ao raciocínio humano, tratou de todos os argumentos até então usados nas demonstrações, bem como de todas as coisas a que havia chegado a mente humana por não conhecer se a sua origem era real ou ilusória. Ele mesmo demonstrou essa preocupação e a decisão tomada:

---

1. Descartes, René. *Discurso do método*. Rio de Janeiro: Livraria José Olympio, 1960. Quinta parte, p. 106.

[...] considerando que todos os pensamentos que temos quando estamos despertos nos podem ocorrer quando dormimos, sem que haja nenhum, nesse caso, que seja verdadeiro, resolvi fazer de conta que todas as coisas que até então haviam entrado no meu espírito não eram mais verdadeiras que as ilusões de meus sonhos".[2]

O eixo central do método cartesiano de pensar foi a *dúvida*; ele a tomou como método, pois acreditava ser preciso duvidar de todas as certezas existentes até encontrar uma que fosse indubitável. Só a partir daí poder-se-ia construir um saber verdadeiro, baseado em certezas inquestionáveis. Ao duvidar de todas as certezas existentes, ele se deparou com a constatação de que estava duvidando, constatação da qual não poderia duvidar. Essa intuição foi expressa na famosa frase latina que diz: *cogito, ergo sum* ("penso, logo existo"), ou seja, "na medida mesmo em que estou pensando, tenho a certeza que estou existindo". Esta é, para o autor, a certeza inquestionável; ela é evidente por si mesma, é intuitiva. O fato de ter uma verdade irrefutável dava a garantia de que era possível construir um conhecimento verdadeiro. Essa possibilidade de segurança na produção do conhecimento foi a meta perseguida por Descartes.

O método cartesiano orientava-se por quatro regras: a evidência, a análise, a síntese e o desmembramento. A primeira indica que não se deve aceitar nada como verdadeiro, caso não se apresente como evidência, ou seja, claro por si mesmo; a segunda orienta que as dificuldades devem ser divididas, ou seja, um problema complexo deve ser dividido em partes; a terceira ensina a ordenar o pensamento, de forma a começar pelos problemas mais simples até chegar aos mais complexos; e a quarta orienta para a necessidade de enumeração das partes, a fim de evitar qualquer tipo de esquecimento.

Essa preocupação em sistematizar criteriosamente um método decorre do valor que ele lhe concedia, na medida em que acreditava ser ele o caminho capaz de evitar que os homens cometessem enganos,

---

2. Loc. cit.

tomando, como verdadeiros, conhecimentos falsos. Assim, ele definiu seu método com regras fáceis "graças às quais todos aqueles que as observarem corretamente jamais suporão verdadeiro aquilo que é falso, e chegarão, sem fadigas e esforços inúteis... ao conhecimento verdadeiro...".[3] A explicação quanto às regras formuladas, ele as dá ao afirmar que o método deve consistir em "reduzirmos, gradualmente, as proposições complicadas e obscuras às mais simples; e se, partindo da intuição das mais simples, tentarmos nos elevar...".

Esse empenho com o método visava conduzir a razão humana a encontrar a verdade, ou seja, a atingir as ideias claras e distintas. Segundo ele, eram três os tipos de ideias que o ser humano poderia atingir: as ideias adventícias, que vinham de fora do sujeito cognoscente e não possuíam nenhuma garantia de verdade objetiva; as ideias factícias, encontradas ou elaboradas por nós mesmos a partir das adventícias; e, por último, as ideias inatas, que nasciam naturalmente com o intelecto de cada um dos seres humanos. Somente essas últimas tinham a garantia de certeza, das quais podiam ser deduzidos princípios verdadeiros. Essas eram ideias claras e distintas, cuja infalibilidade era garantida por Deus. Contudo, cabia ao ser humano o ato de julgar, o qual era de sua inteira responsabilidade.

Descartes admitia que as ideias claras e distintas eram intuídas de forma direta e imediata, porque elas se impunham por sua evidência. A intuição se complementava pelo processo dedutivo, o qual possibilitava a percepção das relações existentes nas múltiplas proposições e suas consequentes conclusões. Nas *Regras para a direção do espírito*, ele deixou claro o que entendia por intuição: "[...] não o testemunho mutável dos sentidos ou o juízo enganador de uma imaginação... mas a concepção de um espírito puro e atento, concepção tão fácil e distinta que nenhuma dúvida possa permanecer sobre aquilo que compreendemos".[4]

---

3. Descartes, René. *Regras para a direção do espírito*. Rio de Janeiro: Brasília Editora, 1973. p. 15.

4. Op. cit., p. 31.

Com todos esses cuidados, da primeira verdade identificada, o "penso, logo existo", deduziu a segunda, a existência de Deus. Isso porque, por um argumento ontológico, ele entendia que a essência de Deus não podia ser separada da sua existência, pois um ser perfeito possui existência porque ela faz parte da perfeição. Assim, nos seus livros, o *Discurso do método*, de 1637, e nas *Meditações sobre a filosofia primeira*, de 1641, ele procurou provar, pelo caminho racional, essa verdade. A ideia de Deus é por si mesma evidente. Desde que há a certeza de que o homem pode conhecer racionalmente, o seu pensamento sobre a existência de um ser perfeito comprova a existência desse mesmo ser. Não seria possível pensar um ser perfeito sem pressupor a sua existência; caso o pensássemos sem sua existência, estaríamos pensando-o imperfeito, e isso não era possível em relação a Deus. Por isso, ele existe.

As regras do pensamento racional especificadas desenvolvem uma forma de pensar o mundo moderno que se faz presente no cotidiano de todos nós; evidência, análise, síntese, e desmembramento são regras que se fazem presentes na prática da administração, da teoria e análise de sistemas. Ele influiu no cotidiano de toda posteridade, seja no mundo acadêmico, seja no mundo das atividades sociais e econômicas.

Em síntese, a doutrina cartesiana rejeitou todo tipo de autoridade, com exceção da autoridade da razão. Sua filosofia ganhou conotações gnoseológicas, na medida em que se voltou para o pensar e para o conhecer; com isso, ele se tornou um ferrenho inimigo da escolástica, apesar das suas profundas ligações com o pensamento medieval e das suas convicções religiosas.

A filosofia cartesiana teve grande repercussão na Europa e chegou a ser a filosofia dominante na chamada sociedade elegante da época. Alguns pensadores seguiram a sua trilha de reflexão, entre eles: Malebranche (1646-1715), Espinosa (1632-1677) e Leibniz

---

* Descartes, na prova da existência de Deus, repete o argumento de Agostinho de Hipona.

(1646-1716), os quais foram influenciados pela dualidade entre espírito e matéria colocada por Descartes.

2. O empirismo

O empirismo encontrou seu espaço apropriado na Inglaterra, um país mais avançado e livre da tradição medieval, possibilitando aos seus pensadores uma postura ousada e criativa e permitindo os avanços burgueses, que só chegaram bem mais tarde em outros países. Os pensadores ingleses não estavam preocupados em substituir as verdades absolutas da fé por verdades também absolutas provenientes da razão. Ao contrário, iam de encontro a essa ordem absoluta e universal. Em decorrência de ter se desenvolvido eminentemente na Inglaterra e entre pensadores ingleses, recebeu a denominação de empirismo inglês e se desenvolveu entre os séculos XVI, XVII e XVIII.

Com essa concepção filosófica, o mundo moderno teve condições de se firmar como antimetafísico, o que não havia sido possível com o racionalismo. O empirismo deixou de lado a transcendência, ou seja, as questões ligadas ao espírito e à metafísica, e fixou-se na imanência, na realidade concreta, não como uma forma de negação da razão, e sim como uma nova postura frente a ela. Do mesmo modo que as demais concepções vigorantes na Idade Moderna, ele se voltou para as questões do conhecimento e da vida política.

Entendia que o conhecimento humano provinha dos dados da experiência, de modo que não seria possível pensar em verdade e muito menos em conhecimento absolutos. Sendo a experiência a fonte do conhecimento, seria impossível haver uma verdade única, mas sim verdades, em contínuo processo de reformulação. Com isso, o empirismo introduziu, no campo do conhecer, elementos de caráter cético, colocando-o no plano do sensível, do factual e não do abstrato, do dogmático e das verdades acabadas. Essa nova postura frente ao processo do conhecimento acarretou sérias revisões, seja no campo do conhecimento, seja no político e social.

No que se refere ao aspecto sociopolítico, o entendimento do Estado como decorrente de uma ordem natural e fora dos alcances humanos, foi substituído por uma visão do Estado fruto da vontade humana. O Estado, por decisão dos indivíduos, devia impor regras do direito, da moral e da religião a fim de garantir a paz entre os homens e a convivência sadia. A paz seria imposta pela força humana e não pela força divina, assim, por meio de contratos firmados livremente, os homens delegavam ao Estado o direito de defendê-los, substituindo o papel da Igreja pelo papel do Estado, bem como o deus cristão pelo deus da razão.

Essa mudança acarretou consequências para as relações sociais, fazendo com que elas deixassem de se pautar em verdades absolutas, para se orientar por verdades provenientes do próprio real e, desse modo, passíveis de interpretações, de questionamentos e instabilidades. Quanto aos homens, até então submetidos a uma ordem estabelecida e sem poder de decisão, passaram a ser chamados a tomar decisões e a posicionarem-se diante dos acontecimentos.

No campo do conhecimento, esse posicionamento engendrou um novo tipo de saber, o científico, diferente do filosófico. Tal atitude representa o próprio momento histórico da modernidade, em que o novo modelo econômico e social, centrado no comércio e na produção, e não mais na atividade agrária, exigia novas formas de apreensão da realidade, de controle e exploração da natureza, baseadas na ciência e na experiência e não mais na metafísica.

O empirismo partia do princípio aristotélico de que "nada estava no intelecto sem que antes não tivesse estado nos sentidos". Assim, negava qualquer ideia inata e afirmava que todo conhecimento tem sua origem na experiência sensível de percepções do mundo externo.

Os principais representantes dessa concepção são Francis Bacon, Thomas Hobbes, John Locke, Georges Berkeley e David Hume. Para melhor nos apercebermos de como essas temáticas foram tratadas, trabalharemos com alguns desses autores.

Francis Bacon, nasceu em Londres, em 1561, e pela ajuda de pessoas influentes, chegou a ser chanceler do reino. Contudo, era tido como de caráter duvidoso, tendo sido acusado de corrupção, pelo que foi parar na prisão. Ao ser libertado, refugiou-se na vida privada, dedicando-se aos estudos, tendo como produto mais significativo o seu livro o *Novum organon*, escrito em 1626.

Nele Bacon desenvolveu os princípios de um método capaz de levar a um conhecimento objetivo. Sua preocupação com a questão metodológica decorria da situação em que se encontravam os seus contemporâneos diante do processo de conhecer, decorrente, entre outras coisas, da derrocada do argumento da autoridade, da febre de invenções por que passava a sociedade (pólvora, imprensa etc.) e do poderio que o seu país experimentava, fazendo com que fosse necessário criar condições de estabelecer o domínio dos homens sobre a natureza em todos os sentidos. O que, segundo ele, não seria possível pelos meios até então utilizados (magia e alquimia) e sim por um caminho mais sistemático e objetivo como o oferecido pela ciência.

Nesse sentido, o método dedutivo, até então seguido, baseado na lógica aristotélica, não dava conta das novas exigências, uma vez que o mesmo, no seu entender, não levaria à descoberta de novas verdades, à formulação de novos conhecimentos, e sim à demonstração do conhecido. Aquelas só seriam possíveis por meio do tratamento indutivo. O método indutivo estruturava-se em dois momentos: o negativo e o positivo. O primeiro consistia em submeter a própria razão a uma crítica, a partir da qual os indivíduos tomariam consciência dos seus erros e teriam condições de superar os seus preconceitos. Somente depois desse processo teriam condições de conhecer as coisas. Seria uma forma de purificar o intelecto dos preconceitos, noções falsas ou ídolos (como denominou), adquiridos ao longo do processo histórico, pelas mais variadas fontes e que dificultam o acesso da razão humana à verdade.

Identificou quatro tipos de ídolos que podiam dificultar a observação e a interpretação adquiridas da realidade: Ídolos da Tribo, Ídolos da Caverna, Ídolos do Foro e Ídolos do Teatro. Os primeiros originavam-se da natureza da mente humana e consistiam na falsa ideia de que o homem era a medida de todas as coisas. Entendia que essa era uma compreensão errada, porque a mente humana funcionava como um espelho que refletia as coisas podendo deformá-las. Quanto à segunda espécie, Bacon entendia que os Ídolos da Caverna eram próprios da natureza dos indivíduos. Uns são mais analíticos, outros mais sintéticos e a forma de ser de cada pessoa gera erros. O terceiro tipo, Ídolos do Foro ou do Mercado, tinha como fonte as associações que os homens são obrigados a fazer entre si, surgindo um tipo de relação e de comunicação que os leva a bloquear o seu intelecto e a cometer erros. Por último, os Ídolos do Teatro, oriundos dos dogmas filosóficos, pois, segundo Bacon, a filosofia não passava de peça teatral, representando o mundo. Ela era como tantas outras fábulas: irreal e teatral, fazendo com que cada pessoa tivesse uma visão do mundo, a partir da construção realizada.

Por meio dessas preocupações com as questões de construção da ciência objetiva, Bacon expressou bem as aspirações da sociedade emergente na qual vivia: uma sociedade que não se contentava com o saber adquirido, que investia em novas descobertas e que, portanto, ressentia-se da necessidade de um novo modo de produzir conhecimento; e foi para isso que contribuiu.

Thomas Hobbes,[5] nascido em 1588, representa, de forma clara, a polêmica gerada na Inglaterra, entre os princípios do racionalismo e os defendidos pelo empirismo. Com ele, o empirismo tornou-se um sistema, tendo como pontos centrais as questões do conhecimento e da política. Diferentemente de Bacon, que privilegiou as questões do conhecimento, Hobbes enfatizou as políticas, sem com isso ter se omitido das primeiras.

No que se refere ao conhecimento, Hobbes foi de encontro ao racionalismo, ao negar a existência de ideias inatas e colocar na

---

5. Thomas Hobbes nasceu no ano de 1588 e faleceu em 1679. Estudou em Oxford, foi preceptor de uma família nobre. Escreveu: *Elementos de lei natural e política*, concluído no ano de 1640; *Leviatã*, 1651, *De corpore*, 1665, entre outros.

experiência a fonte de todo conhecimento humano. Para ele, o conhecimento origina-se nas sensações e constitui-se em um conjunto de verdades ou de não verdades, que é conservado pela memória. Ou seja, o conhecimento inicia-se no exterior e atinge o interior, atuando sobre o cérebro que reage às sensações. Assim, tanto a imaginação quanto a memória e a própria fantasia são produzidos por sensações externas. Com isso, ele transformou tudo em realidade corpórea, inclusive Deus.

Porém, as sensações não se identificavam com a ciência, elas eram apenas expressões da realidade sensível, enquanto a ciência era tida como uma reconstrução dedutiva da realidade. Com esse mesmo entendimento ele explicava o comportamento dos homens, ao afirmar que os mesmos tendiam naturalmente para o prazer e evitavam o desprazer, bem como para comportamentos egoístas que visavam a sujeitar os outros.

Esse tipo de atitude os transformava em lobos uns dos outros e era fato responsável pelas guerras e pelos conflitos, situações prejudiciais a todos. Assim, era necessário disciplinar os impulsos e dominar os instintos dos seres humanos, o que seria possível mediante princípios morais rígidos, impostos pela sociedade organizada.

Os princípios morais eram uma necessidade das associações humanas e indispensáveis à sobrevivência dos indivíduos, pois sozinhos não conseguiriam se proteger. Contudo, para viverem juntos, apenas as leis naturais não eram suficientes. Por isso, precisavam fazer contratos a fim de barrarem os instintos naturais de ódios, invejas e competições. Ou seja, por sua natureza, as criaturas humanas, diferentemente dos outros animais, precisam fazer pactos baseados em princípios morais a fim de possibilitarem a convivência. Como afirmou o próprio Hobbes:

> [...] as criaturas irracionais são incapazes de distinguir entre injúria e dano, e consequentemente basta que estejam satisfeitas para nunca se ofenderem com os seus semelhantes. Ao passo que o homem é tanto mais implicativo quanto mais satisfeito se sente, pois é nesse caso que

tende mais para exibir sua sabedoria e para controlar as ações dos que governam o Estado... portanto não é de admirar que seja necessária alguma coisa mais, além de um pacto, para tornar constante e duradouro seu acordo: ou seja, um poder comum que dirija suas ações no sentido do benefício comum.[6]

No tocante às questões do conhecimento, Hobbes demonstrou ter encontrado um adequado intercâmbio entre as concepções racionalista e empirista, ao definir uma forma de convivência entre a razão e a experiência. O seu racionalismo empirista partia da natureza e a ela retornava. Aceitou, do empirismo, a tese de que as ideias eram produzidas sensorialmente e, do racionalismo, o princípio da dedução que recompunha os elementos da realidade concreta, independentemente da experiência.

Ainda que Hobbes tenha dado atenção aos dois temas, a sua contribuição mais significativa foi sobre a organização da sociedade. Seu pensamento, nesse campo, teve influência tanto em seus contemporâneos como em modos de pensar e agir de momentos históricos subsequentes. A compreensão do fenômeno do conhecimento serviu-lhe de suporte metodológico para a construção de sua teoria política.

John Locke,[7] nascido em 1632, também foi um dos empiristas que deixou sua contribuição nas questões ligadas ao conhecimento humano, bem como naquelas alusivas à ordem sociopolítica. Até ele, o empirismo ainda não tinha colocado as questões básicas do conhecimento, tais como os limites da validade da experiência sensível, o valor da ciência, as possibilidades do conhecer, entre outras.

O ponto de partida de Locke foi a crítica ao intelecto humano, visando conhecer os seus limites. Na sua obra *Ensaio sobre o entendimento humano*, desenvolveu uma séria crítica à teoria das ideias inatas,

---

6. Hobbes, Thomas. *Leviatã*. São Paulo: Abril, 1979. p. 105. (Col. Os Pensadores.)

7. Nasceu em Urington, na Inglaterra, em 1632 e faleceu em 1704. Descendente de família burguesa, estudou medicina, foi educador e ocupou vários postos políticos, sempre de forma liberal, atividades próprias dos grandes representantes do iluminismo, os quais se pautavam pela ação, por um compromisso concreto com o mundo e não por uma postura contemplativa.

por entender que, se as tivéssemos, teríamos consciência delas. Contudo, percebia-se que nem as crianças nem os selvagens as possuíam. Por outro lado, os princípios morais e religiosos variavam de lugar para lugar e de povo para povo. Essas constatações serviam para justificar que o que existia de inato era o poder do intelecto, limpo, livre de qualquer ideia, como uma tábula rasa.

Partindo da certeza da inexistência de ideias inatas *a priori* na mente humana, afirmava que elas provinham: "[...] da experiência. Todo o conhecimento está nela fundado, e dela deriva fundamentalmente o próprio conhecimento".[8] E ainda, "[...] os objetos externos suprem a mente com ideias das qualidades sensíveis, que são todas diferentes percepções produzidas em nós, e a mente supre o entendimento com ideias através de suas próprias operações".[9] Assim, todo conhecimento nascia da experiência sensível e as ideias constituíam-se no objeto do entendimento.

Para ele, as ideias, ao serem analisadas, reduziam-se a ideias simples. Porém, suas combinações podiam levar a uma ilimitada riqueza. No que se refere às possibilidades do conhecimento, entendia que o espírito humano era incapaz de conhecer imediatamente as coisas; mas podia concebê-las mediante as ideias que possuía delas. As ideias serviriam como intermediárias entre o indivíduo e a realidade, de modo que conhecer significava "perceber o acordo ou o desacordo entre as ideias", ou seja, "o nosso conhecimento não é real senão pela conformidade entre nossas ideias e a realidade das coisas".[10]

Com isso, ele afirmava que existiam duas categorias de ideias, as simples, adquiridas por meio de experiências concretas, e as compostas, formadas por um processo de associação das primeiras. Desse modo, não existiam ideias falsas nem verdadeiras, e conhecer consistia em perceber o acordo ou desacordo entre as ideias. Assim sendo, o

---

8. Locke, John. *Ensaio sobre o entendimento humano*. São Paulo: Abril, 1978. p. 159. (Col. Os Pensadores.)

9. Locke, John. Op. cit., p. 160.

10. Sciacca, Michele Federico. *História da filosofia*. São Paulo: Mestre Jou, s.d., v. II, p. 98.

conhecimento se constituía ou pela percepção simples ou pela associação das percepções, formando ideias complexas. Já não havia mais lugar para o inatismo. Em razão dessa forma de compreender a formação do pensamento, Locke foi considerado um associacionista.

A tese de que todo conhecimento provém da experiência sensível negou não apenas a existência de ideias inatas, como também de um poder inato de origem divina. Aí, novo problema se impôs no campo político, e quiçá da moral. Os homens nascem livres e iguais e os lugares por eles ocupados na sociedade decorrem dos contratos feitos entre eles.

No concernente à política e à moral, ele começa desprezando as posições extremistas. Para ele, todas as pessoas nasciam livres e possuidoras de alguns direitos como: o direito à vida, à propriedade e à liberdade. Por outro lado, tendiam ao bem-estar, não de forma egoísta como entendia Hobbes, e sim solidária de modo que o bem-estar de um era condição do bem-estar de todos. Contudo, essa tendência natural poderia se corromper, e os homens passariam a favorecer os interesses individuais em detrimento dos valores comunitários. A fim de evitar essa inversão, o Estado natural deveria ser substituído pelo social, o que seria feito por meio de contratos firmados entre os indivíduos.

Assim, o governo e o poder seriam escolhidos pelo povo. O Estado teria como função zelar e defender os direitos naturais; caso agisse de maneira diversa, poderia ser destituído pelo próprio povo.

O pensamento político de Locke influenciou bastante a sociedade ocidental, tornando-se a primeira teorização do liberalismo político na Idade Moderna.

3. O criticismo

O criticismo surgiu como uma exigência do momento, período iluminista, na qual a crítica e o esclarecimento eram exigências fundamentais na vida dos indivíduos. Importava que as pessoas soubessem se posicionar frente à vida, que não se deixassem enganar, nem ser manipuladas. Porém, ele não via a razão como a única fonte do esclarecimento, ao contrário, entendia que ela possuía limites, de forma a não poder ser tratada como imperativa, autoritária e dogmática.

Assim, o criticismo colocou-se como uma concepção síntese entre o racionalismo e o empirismo. O primeiro afirmava que o conhecimento se dava mediante ideias inatas, comuns a todos os indivíduos e independentes da experiência, de cujas ideias ia se deduzindo as demais verdades. O segundo, empirismo, ia de encontro a esse entendimento e afirmava que a única fonte do conhecimento era a experiência. Kant[11] criticou essas duas formas de entendimento das fontes do conhecimento, por achar que o racionalismo se convertia em um dogmatismo, ao aceitar as ideias de forma universal, sem exame nem verificação, assim como o empirismo, por não demonstrar as possibilidades ou a ordenação das experiências.

Fez ressalvas, também, aos métodos adotados pelas duas concepções. O dedutivo, seguido pelos racionalistas, e o indutivo, pelos empiristas, por achar que eles eram limitados, ao ressaltarem os elementos universais *a priori*, ou um conteúdo material *a posteriori*. Em ambos os casos, não davam conta da totalidade do real. Diante disso, o criticismo se apresenta historicamente como uma posição que se propõe a investigar os limites do conhecimento humano. O problema central, por ele colocado, é o de fazer uma crítica do conhecimento em geral, a fim de conhecer os limites da razão e suas condições de construir a metafísica.

Assim, o criticismo kantiano caracterizou-se como um método que, partindo do princípio de que o conhecimento era possível e, por isso, havia a possibilidade de atingir a verdade, buscou examinar as afirmações da razão, seus recursos e suas possibilidades. As questões ligadas ao mundo físico (terremotos, incêndios, ventos etc.) ocuparam

---

11. Kant, Immanuel nasceu em Konigsberg, na Prússia, no ano de 1724. Foi preceptor e professor de lógica e de metafísica na Universidade de Konigsberg, local em que passou quase toda a sua vida e veio a falecer no ano de 1804.

as preocupações de Kant nos primeiros tempos de sua vida de pensador; contudo, sua contribuição mais significativa foi no campo metafísico e do conhecimento, a ponto de ter provocado uma verdadeira revolução no pensamento existente, dando um novo rumo à compreensão do conhecimento e seu processo.

Procurou verificar as possibilidades da razão humana com a intenção de valorizá-la, e não de atacá-la. No seu livro, intitulado *Crítica da razão pura*, formulou sua crítica do conhecimento, entendendo como a razão poderia contribuir para a efetiva possibilidade do conhecimento em geral, assim como do metafísico. Sua crítica da razão pura propunha apresentar o conhecimento que temos por natureza e estrutura da nossa mente, como o mais valioso e o mais confiável, como verdades claras e *a priori*. Exemplificou esse tipo de conhecimento com a matemática, conhecimento necessariamente certo e independente da experiência futura. Essas são verdades que não derivam da experiência imediata, e sim da estrutura da mente humana, que molda e organiza as sensações e transforma as experiências em pensamentos.

Esse processo de transformação das sensações em pensamentos ocorria em dois momentos: no primeiro, aplicavam-se às sensações as formas de percepção de espaço e tempo, que são formas subjetivas, as quais ordenam as sensações vindas de fora. Com isso, apesar de rejeitar as ideias inatas do racionalismo, por admitir que o conhecimento vinha da experiência, entende que nem tudo era experiência. Isso porque, a mente humana, por meio dos modos de percepção de espaço e tempo, dava sentido às percepções. Portanto, juntam-se os dados provenientes das experiências e as formas de entendimento, provenientes do sujeito. Assim, para ele, o conhecimento possuía elementos universais e *a priori*, como queriam os racionalistas, mas não se fechava em si mesmo, e, para acrescentar novos elementos, ele precisava da experiência, ou seja, de elementos *a posteriori*, os quais ele identificava como juízos sintéticos *a priori*, na medida em que a forma era *a priori* e o conteúdo *a posteriori*; eram juízos que faziam a síntese entre esses dois elementos presentes no conhecimento verdadeiro.

Vejamos, sinteticamente, esse processo. Os sentidos recebem as impressões do mundo exterior, porém estas não constituem um conhecimento do objeto. Elas são parciais e fragmentárias. Esses dados (que são variados e, por isso, caóticos) são ordenadas pelo sujeito do conhecimento, dando origem às percepções do objeto. Para tanto, o sujeito utiliza-se das formas de espaço e tempo. Porém, essas percepções ainda não atingiram o nível do entendimento; permanecem na esfera da sensibilidade. Ordenando essas percepções, o entendimento procede à síntese, que são os juízos. Por exemplo, na expressão "Pedro é homem" há um juízo, que é síntese de percepções, que, por sua vez, é síntese de sensações produzidas pelo mundo exterior. Porém, os juízos (afirmativos, negativos, universais, particulares etc.) só são possíveis em razão dos modos universais *a priori* de operar do intelecto. São as categorias *a priori* que garantem os juízos, que são conceitos necessários e, por isso, devem ser verdadeiros.

No concernente à ação humana, Kant admitia que a razão pura continha fundamentos práticos, destinados a conduzir a vontade. Ele tratou essas questões em três obras: a *Crítica da razão prática*, a *Fundamentação da metafísica dos costumes* de 1785 e *Metafísica dos costumes*, de 1798. Nelas demonstrou que a prática humana era orientada pela razão, sendo a mesma quem determinava as regras que deviam ser seguidas pelos indivíduos. Na *Crítica da razão prática* afirmou: "... a regra prática é sempre um produto da razão, porque prescreve a ação como meio para o efeito, como intenção. Mas para um ser, no qual a razão não é o único princípio determinante da vontade, esta regra é um imperativo isto é, uma regra que é designada por um dever".[12]

A lei moral se transforma em dever, em imperativo categórico, vinculada apenas à vontade, pois, como afirmou, "a razão é uma verdadeira faculdade de desejar superior", sendo ela quem determina a vontade, de forma livre e desinteressadamente. A vinculação com a *razão pura* dá-lhe o direito de tornar-se legisladora: "... só porque ela pode ser prática enquanto razão pura, é que se lhe torna possível ser

---

12. Kant, Immanuel. *Crítica da razão prática*. Lisboa: Edições 70, 1986. p. 30.

legisladora".[13] Com isso, a vontade torna-se independente da realidade concreta, como vontade pura, determinada apenas "pela simples forma da lei". A lei moral é autônoma pois em nada depende da experiência, e também imperativa como aquela que manda categoricamente.

A expressão "deves fazer as coisas de tal forma que todas as pessoas possam fazer igual a ti" é uma fórmula que vai ser preenchida de conteúdo com a decisão e a prática de cada sujeito. Essa fórmula abstrata universal pode ser aplicada em atos morais individuais e sociais, cabendo a responsabilidade ao sujeito pela vivência prática desse princípio.

Tanto aqui quanto na teoria do conhecimento, Kant privilegiou o sujeito humano. Enquanto na teoria do conhecimento é o sujeito que dá forma às sensações, produzindo os conceitos universais, na moral, também é o sujeito quem se torna o legislador de seus atos a partir dos imperativos. Essa valorização do sujeito é plenamente coerente com o *espírito da sua época*, que se caracterizava pelo liberalismo em processo de cristalização, e este privilegia o indivíduo como sujeito de decisão e de ação.

Além disso, Kant tratou de temas da vida religiosa e política. Seu ensaio sobre a religião, intitulado *A religião dentro dos limites da razão pura*, obra de sua maturidade, demonstra uma grande coragem por enfrentar os sistemas políticos e religiosos instituídos, e converter a religião à fé moral. Para ele, o valor das igrejas e dos dogmas decorria da sua importância para o desenvolvimento moral dos homens. Criticou com veemência a utilização que os governantes faziam das igrejas e dos sacerdotes como instrumentos para a dominação e a opressão dos homens.

No campo político, saudou com otimismo a Revolução Francesa por ver nela a possibilidade de uma nova ordem social e política. Em sua obra *O princípio natural da ordem política*, admitia a luta e a competição entre os indivíduos como benéficas, por incentivarem o

---

13. Kant, Immanuel. Op. cit., p. 36.

progresso. Elas dão ânimo à espécie humana, enquanto o amor e a harmonia contínuos promovem a acomodação e a manutenção das situações.

Contudo, a sociedade civil, regulada por normas, leis e costumes, tinha por fim restringir essa tendência natural para a discórdia. Os homens e os Estados aceitavam essa forma de controle social como condição de garantir a manutenção da paz.

Sua audácia levou-o a criticar os exércitos que usurparam todos os recursos econômicos das nações. Em seu livro *Paz eterna*, advoga que a guerra devia ser declarada após um plebiscito na qual todos os cidadãos explicitassem os seus desejos, e não pelos governantes, que dela não participavam concretamente.

Clamou pelo respeito e pela igualdade dos indivíduos e contra a sua condição de exploração. Negou a desigualdade natural e exigiu dos governantes o cumprimento do seu papel, que consistia em proporcionar as condições de progresso dos indivíduos.

O pensamento kantiano trouxe contribuições à problemática política, mas foi na teoria do conhecimento que se deu a sua mais significativa participação. Ele mudou os rumos da teoria do conhecimento ao mostrar que, apesar de o mundo exterior nos ser dado apenas como sensação, a mente humana, por ser ativa, seleciona e coordena toda a experiência; deu ao sujeito um papel significativo no processo do conhecimento e na moralidade. Sua influência na ciência moderna e no pensamento científico e filosófico foi decisiva.

4. O idealismo

O idealismo alemão surgiu no final do século XVIII, e teve como principais representantes Fichte, Schelling e Hegel. Porém, o maior sistematizador do período pós-kantiano foi *Hegel*,[14] que viveu o movi-

---

14. Georg Wilhelm Friedrich Hegel nasceu em Stuttgart, no ano de 1770 e faleceu no ano de 1831, em Berlim. Inicialmente, dedicou-se aos estudos de teologia e só depois aos de filosofia e

mento da Revolução Francesa em plena juventude, tendo acompanhado da Alemanha o desmoronamento do feudalismo e a ascensão da burguesia. O processo de contradição vivido em seu tempo fez com que ele substituísse os princípios da lógica aristotélica, baseada no princípio da identidade, pela lógica dialética, inspirada na contradição e no movimento. A dialética era, segundo ele, a única forma de compreender os movimentos e as contradições da realidade. Assim, Hegel traduz na sua obra o momento de transição em que viveu, caracterizado pela tensão da passagem entre o século XVIII e o XIX, pela constituição da sociedade civil burguesa, bem como das influências que recebeu de pensadores como Spinoza, Locke, Hobbes, e, em especial, Kant, Fichte e Schelling.

Suas reflexões tiveram como tema central a relação entre o finito e o infinito, no que, diferentemente dos medievais, não admitia a existência de um Deus transcendente, autor de todo o finito. Via o mundo como realização histórica da Ideia, porém, não negou o finito — sentimentos, subjetividade etc. — e sim o incorporou como parte da dialética. Assim, a lógica não era entendida apenas como ciência do pensamento, mas também da realidade, uma vez que tanto um quanto a outra eram governados pelo mesmo princípio. O pensamento era tido como um fator unificador das ideias e, ao mesmo tempo, produtor de novas sínteses.

A Ideia, como ser em si, se nega a si mesma, fazendo-se História, exteriorizando-se em suas manifestações particulares, que nada mais são do que a própria construção do Espírito Absoluto, que é a síntese final da consciência pura do mundo. O movimento histórico é movimento da construção do Espírito; ele se faz enquanto a História se faz. Assim sendo, a filosofia nada mais é do que a expressão do movimento da Ideia, que se assume a si mesma, enquanto se realiza no processo histórico.

No seio do devir, o pensamento reconstitui racionalmente o mundo, fazendo com que haja uma coincidência entre realidade e

---

de política. Foi preceptor doméstico em Berna, professor particular em Frankfurt e professor universitário em Jena e depois em Berlim, onde permaneceu até a morte.

racionalidade. Hegel chegou a afirmar que "tudo que é real é racional e tudo que é racional é real". Parece ser absurda a afirmação na medida em que compreendemos que o racional não é o real, pois para nós — no cotidiano —, o racional é o "pensar sobre o real". Então, seriam coisas distintas. Porém, para Hegel, não é assim como vivenciamos no cotidiano. O "real é racional" na medida em que o real nada mais é do que a construção do racional — Espírito —, no movimento triádico da Ideia subjetiva, que se exterioriza na História e, desse modo, se constrói como Espírito Absoluto. Então, não há distinção entre o pensamento e o ser, pois o nosso pensar é o pensar do ser se fazendo na História. Com isso, ele não anula nem o finito nem o infinito e sim absorve um no outro; a razão realiza-se no real e a realidade realiza-se na razão, ou seja, síntese de opostos, inquietude, devir.

Há um movimento dialético entre Ideia (ser puro, que ainda não é, pura subjetividade), História (exteriorização da subjetividade em objetividade) e Espírito Absoluto (a Ideias, que, na História, se faz Espírito, reunindo em si mesma o "subjetivo" e o "objetivo"). Assim, todos os seres finitos e infinitos seriam momentos do processo dialético e se identificariam em: Lógica, Filosofia da Natureza e Filosofia do Espírito. A primeira, como a Ideia em si, a segunda, como a Ciência da Ideia, enquanto a terceira — Filosofia do Espírito —, como a ciência da ideia que retorna a si mesma, na forma de autoconsciência. A razão infinita ou deus contém esses três momentos.

O sistema hegeliano de interpretar o mundo trouxe como grande inovação a noção de totalidade, ao mesmo tempo universal e romântica, em que nenhuma parte faz sentido em si mesma, mas sim em relação ao todo.

Na linha do pensamento kantiano, Hegel buscava a síntese, que desse conta de integrar tudo, todas as coisas e todos os acontecimentos em um todo que fizesse sentido. É dentro desse sistema dialético de construção de uma totalidade que a filosofia e outros temas podem ser compreendidos. Todos eles se tornavam compreensíveis dentro desse sistema.

A História, para ele, era a realização e a construção do Espírito Absoluto, por isso mesmo, a sua manifestação. O desenvolvimento da humanidade era o próprio manifestar-se e constituir-se do Espírito; era o processo de conquista de si mesmo e, desta forma, de libertação, de autolibertação.

Com essa compreensão, Hegel dividiu a História humana em quatro momentos: período oriental, como infância; período grego, como adolescência ou da "bela-liberdade"; Roma, como virilidade, expresso pela universalidade do império; Alemanha, ou a ancianidade construtiva, como o período em que se dá a síntese das liberdades individuais no Espírito Absoluto. Todos os povos expressam uma manifestação do Espírito, que se realiza na História, caminhando na perspectiva da liberdade, que se daria, segundo ele, em plenitude na Europa do século XIX.

Essa é uma interpretação que produz uma visão de totalidade, em que todos os acontecimentos da História fazem sentido, dialeticamente. É uma visão quase mística, na qual não há bem ou mal, mas movimento na constituição do Absoluto.

Nessa mesma perspectiva de síntese universal, segue-se a visão de organização da sociedade de Hegel. No concernente à ação, ele entendia que a eticidade era constituída pela síntese da existência interna do sujeito (moralidade) e da existência externa e social (direito). A eticidade era a síntese da moral e do direito, ou seja, do subjetivo e do objetivo, que faz o homem inserir-se na comunidade social, submerso ao ethos dessa comunidade. Ela faz o sujeito livre dentro da vida de um povo.

Segundo Hegel, a eticidade se manifestava na família, na sociedade civil e no Estado. Mas é no Estado, o "Deus real", como queria ele, que se dava a realização da ideia ética e da liberdade concreta. O Estado seria a realização da vontade suprema e onde se realizariam as vontades individuais. Assim, tanto os indivíduos quanto as famílias e a sociedade civil, para se realizarem, deviam subordinar-se ao Estado, fundador da moral, do direito e da religião. É divino, colocado entre a divindade e a humanidade. É a realização da racionalidade absoluta.

Cada Estado era visto como autônomo, daí decorrer o direito internacional entre os Estados e a guerra como meio de se fazer valer os seus direitos. O Estado não é uma abstração; é a razão da História.

A filosofia, como pensamento, era a própria autocompreensão do espírito; a autoconsciência, a racionalidade. A Ideia, que é a ideia pura, transforma-se em ser pleno, em Espírito Absoluto e se autocompreende e se autoexpressa na filosofia. A filosofia, mais do que um pensar sobre o mundo, é a expressão do mundo enquanto seu caminhar para a síntese do Absoluto; é a transparência do Espírito em sua autoposse.

Como se vê, em linhas gerais, o sistema hegeliano emerge de múltiplas questões e perspectivas de compreensão do mundo que o antecederam na Idade Moderna, acrescidas das aspirações românticas de sua época, que exigiam uma visão dinâmica e de totalidade do mundo, da vida e da história.

Hegel parece ter "encerrado" o processo do filosofar moderno com um sistema que sintetizava uma visão de história e de sociedade humana. Suas influências no pensamento, na ciência e na cultura subsequentes foram múltiplas, seja pelos desdobramentos, como em Marx (construção da dialética materialista), seja pelas oposições, como em Kierkegaard (criando o existencialismo, pensando o individual e não o universal como categoria compreensiva básica).

5. Conclusão

Na tentativa de mostrar que cada momento histórico privilegia, no seu processo de filosofar, determinados temas que refletem os seus anseios e necessidades, vimos que a modernidade centrou-se nas questões referentes ao conhecimento e à organização sociopolítica.

Esses temas foram analisados por óticas diferentes, ora privilegiando a razão humana, como a concepção racionalista, ou a experiência sensível, como defenderam os empiristas. Tentando superar essas posições antagônicas, o criticismo kantiano demonstrou que o conhecimento não era apenas racional, nem somente experiencial, trazendo elementos próprios desses dois caminhos. O idealismo hegeliano apresentou-se como uma superação do criticismo, entre outras coisas, por incorporar os elementos finitos e infinitos no processo dialético, em uma síntese histórica.

No concernente à organização social, essas teorias se articularam na defesa da necessidade do Estado como entidade subalterna aos indivíduos, como nos indicaram alguns pensadores empiristas — Hobbes, Locke —, ou como absoluto, a quem os indivíduos deviam obediência, como queria Hegel.

Enfim, representando os novos ideais de uma época, a problemática do conhecer ganhou, na Idade Moderna, uma importância nunca vista, uma vez que o homem deixou de lado qualquer crença em um poder que não estivesse nele próprio e se viu cheio de possibilidades.

Capítulo 8

Caminhos históricos do filosofar: Idade Contemporânea — a multiplicidade de problemas emergentes

É comum entender a Idade Contemporânea como o período que se estende da Revolução Francesa — 1789 — até os nossos dias. A Revolução Francesa representou o marco de ruptura com o que ainda restava do feudalismo, que impedia a expansão do comércio e da indústria, abrindo os caminhos para a implantação definitiva do capitalismo. Assim, a Revolução, politicamente, serviu para a ascensão da burguesia ao poder, determinou o fim do Antigo Regime absolutista, e, economicamente, acabou com os vestígios do feudalismo, substituindo-o por normas e princípios favoráveis ao capitalismo.

O século XIX foi marcado pelo triunfo da burguesia, do liberalismo e do nacionalismo. No século XX, o capitalismo chegou ao mais alto grau e a ciência e a técnica de produção em série necessitavam de novos mercados, gerando um alto índice de egoísmo e de competitividade entre as nações industrializadas. As descobertas e invenções científicas foram de tal forma valorizadas que se perdeu a noção do homem como ser transcendental.

A cisão que se estabeleceu no ser humano fez com que ele perdesse a harmonia interior e se tornasse um ser em crise. Crise em todos os sentidos: social, provocada pela nova ordem estabelecida pela situação (industrialismo), na qual o que importava era a produção; psicológica, em decorrência do novo foco de valorização do homem, deixando de ser importante pela sua atividade interior, para valer pelo que produzia no plano material concreto.

Também o avanço nos meios de comunicação e nos transportes, apesar de servir para diminuir a distância física entre as pessoas, não serviu para aumentar o grau de solidariedade entre elas, pois visava apenas o lucro e o capital. Foi nesse clima que surgiu a Primeira Guerra Mundial.

A Primeira Guerra Mundial, desencadeada em virtude de rivalidades imperialistas, exacerbação dos nacionalismos e alianças militares, trouxe mais consequências do que o esperado. Arrastou-se por quatro anos, serviu para propiciar a substituição da supremacia econômica e política da Europa pela dos Estados Unidos, e deixou milhões de mortes, fome e miséria, acirrando os problemas econômicos e sociais. Limitou a liberdade de ação e de pensamento, na medida em que essa dificultava a manutenção da burguesia no poder, substituindo, assim, a democracia por reações totalitárias e a cultura livre pela doutrina oficial.

Em 1939, o mundo lançou-se em nova guerra (Segunda Guerra Mundial — 1939-1945), guiada pelo capitalismo imperialista, que buscava dominar o mundo. Deixou, como saldo, o empobrecimento de muitos países europeus e o enriquecimento dos Estados Unidos, bem como dividiu o mundo e fez renascer antigas contradições ideológicas. O mundo passou a viver em contínuo estado de tensão e sob a ameaça de uma terceira guerra.

No campo da filosofia e das ideias, a Primeira Guerra, ao desenvolver nos indivíduos uma postura de descrença e de falta de perspectiva diante da vida, fez com que a filosofia que se desenvolveu nesse período refletisse esse mundo de incertezas, de inseguranças e de descrenças. As pessoas, genericamente falando, passaram a temer a verdade e a viver a superficialidade da vida, sem se interessarem em conhecer a essência das coisas. Visando a fugir da angústia, os homens aceitaram afirmações contraditórias, esqueceram-se da assistência divina e passaram a viver o momento, sem se preocupar com o futuro.

A Segunda Guerra serviu para exasperar as dificuldades, espalhando sobre o mundo grande desilusão. Os campos de concentração e de extermínio, o desrespeito aos valores e aos direitos do ser humano, entre outros, colocaram em xeque os valores da civilização e a vida se apresentou como absurda, enquanto a revolta passou a ser um elemento presente nas reflexões filosóficas, artísticas e literárias.

Como se vê, as emergências sobre as quais refletia a filosofia moderna foram substituídas por novas preocupações centradas na ciência, na tecnologia e na problemática do ser humano individual e social. O novo período manifesta uma continuidade e uma ruptura com o anterior. Permanecem e explicitam-se elementos da ciência dos séculos XVII e XVIII, assim como permanecem e explicitam-se elementos do iluminismo; porém, em um outro contexto e com novas preocupações.

As práticas filosóficas que surgem vão estar perpassadas por essas questões, ou seja, apresentam-se como uma forma de reação às emergências positivas ou negativas provenientes da ciência e como uma tentativa de compreensão da vida humana por demais complexa. Ela pretende servir de luz e orientação para o encontro do homem consigo mesmo. Nesse sentido, a intenção não é de criar novos enfoques teóricos e, dessa forma, velhas teorias são resgatadas; logicamente, adaptadas às novas exigências do momento.

Diante disso, o discurso filosófico diversificou-se e tomou várias direções, orientando-se ora para uma tendência espiritualista, de retorno à interioridade do indivíduo, ora para uma tendência prática ligada à ação humana. Assim, a experiência filosófica variará entre uma postura idealista e outra materialista, originando-se delas várias doutrinas como o pragmatismo, o intuicionismo, a fenomenologia, o marxismo, o existencialismo, entre outras.

1. O pragmatismo

Esta tendência surgiu entre pensadores norte-americanos, para justificar o culto ao lucro e ao bem-estar material da sociedade burguesa. Encontra suas bases no pensamento inglês, e é uma forma mais radical de empirismo, em que a problemática metafísica foi substituída, elegendo-se em seu lugar, como centro dos novos interesses, as questões sociais, econômicas, bem como tudo o que estivesse relacionado à ação e à prática.

O pragmatismo deriva da palavra grega *prágma* que significa ação e da qual nós derivamos "prática" ou "prático". Coerente com o seu significado etimológico, ele se desenvolveu como uma teoria embasada no concreto, no real e que consiste em buscar o que existe de consequências práticas e úteis em qualquer realidade.

A preocupação do pragmatismo é encontrar um ponto final para os problemas metafísicos do conhecimento e da vida, apresentando, como caminho para isso, um critério prático que consiste em tomar como verdadeiro tudo aquilo que possa ser necessário e útil. Assim, se uma disputa não proporciona condições para se encontrar o lado prático, ela se torna desnecessária e sem importância. Os principais representantes do pragmatismo foram: Charles Sanders Peirce (1854-1914), William James (1842-1910) e John Dewey (1859-1952).

Charles Sanders Peirce,[1] criador da teoria pragmática, apesar de ser considerado o mais original pensador da América do Norte, até bem pouco tempo quase não era conhecido. Exerceu influência decisiva sobre William James e John Dewey, entre outros, e contribuiu para a

---

1. Cientista norte-americano, nasceu em Cambridge, no ano de 1859 e faleceu no ano de 1914.

linguística, a semântica, a teoria da comunicação e a lógica. Filho do conhecido matemático e físico Benjamin Peirce, desde muito cedo envolveu-se com estudos científicos, tendo se especializado na física e na matemática. Trabalhou como físico e astrônomo e realizou pesquisas importantes nessas áreas. Ao lado disso, dedicou-se ao estudo da filosofia, em especial das obras de Kant.

Apesar de ter dado contribuição significativa à filosofia, por meio dos seus estudos no campo da história da filosofia, publicou pouca coisa, e sempre em revistas de menor importância. Vinte anos depois do seu falecimento, alguns dos seus escritos filosóficos foram publicados sob o título *Obras escolhidas*. Neles a discussão central diz respeito à união entre filosofia e ciência, tida, por ele, como fundamental, pois distanciaria a filosofia de qualquer tipo de misticismo. Ele próprio reconhecia que essa era a preocupação de um físico, na busca de compreensão do mundo por meio de métodos científicos, sem deixar de lado o conhecimento filosófico. Porém, estava convicto de que os problemas filosóficos precisavam ser enfrentados com métodos científicos, mediante os quais se daria significado às ideias filosóficas. Isso porque acreditava que a importância de uma concepção filosófica dependia de suas consequências práticas. Foi a esse processo que ele definiu como pragmatismo.

No seu ensaio intitulado "Como fazer claras nossas ideias", de 1878, definiu o pragmatismo como um método e não como uma filosofia, pois o mesmo não visava encontrar soluções para os problemas e sim auxiliar na compreensão da ciência e da filosofia. Esse método visava auxiliar, principalmente, na compreensão de conceitos considerados, por ele, complexos, como realidade, peso e força, buscando entender, também, sua importância para o futuro, ou seja, a relação existente entre os conceitos e a prática. Como entendia: "conceber o que seja uma coisa equivaleria a conceber como ela funciona ou o que pode realizar".[2]

---

2. Frege e Peirce. *Como fazer claras nossas ideias*. São Paulo: Abril, 1980. p. IX. (Col. Os Pensadores.)

A fim de elaborar um pensamento rigoroso e tecnicamente útil acerca da verdade, reuniu elementos do empirismo tradicional, do criticismo kantiano e da lógica da ciência. Como ele afirmava, o pragmatismo "constitui a teoria segundo a qual uma concepção, isto é, o teor racional de uma palavra ou de outra expressão, reside exclusivamente em suas consequências concebíveis para a conduta da vida...".[3] Assim, sua teoria buscava encontrar uma relação entre o pensamento e a ação.

Entendendo o pragmatismo como "uma concepção segundo a qual as coisas são aquilo que elas podem fazer",[4] ou seja, como um caminho capaz de levar os indivíduos a preverem reações que condicionam a ação, fica evidente o caráter metodológico a ele adjudicado por Peirce. Nesse sentido, "[...] ter ideias claras sobre um objeto significa prever quais sensações, presentes e futuras, nos possam aguardar, e preparar as nossas reações".[5]

A relação existente entre o pensamento e a ação, se dava em virtude do pensamento sozinho não ter condições de se autointerpretar. Sua interpretação só seria possível por meio da sua relação com a coisa, com a sua representação, com o signo. Apesar de o signo não se identificar com a coisa, "as ideias ou pensamentos implicam um objeto para a interpretação, um intérprete do objeto é a interpretação propriamente dita".[6] Diante disso, ele elaborou uma teoria dos signos, e os classificou em três espécies: ícones, índices e símbolos. Os primeiros, consistiam naqueles em que o significado e o significante fossem semelhantes. O desenho de um objeto seria um ícone, na medida em que ele se assemelha ao objeto; os índices seriam signos que não se identificariam com o objeto significado (como os sintomas), e os símbolos seriam aqueles que não teriam nenhuma

---

3. Idem, p. X.
4. Frege e Peirce. *Como fazer claras nossas ideias*. São Paulo: Abril, 1980. p. IX. (Col. Os Pensadores.)
5. Sciacca, Michele F. *História da Filosofia*. São Paulo: Mestre Jou, s.d., v. III, p. 206.
6. Frege e Peirce. Op. cit., p. X. (Col. Os Pensadores.)

relação com o objeto, de modo que o seu significado dependia das regras de uso, ou seja, das convenções (as bandeiras poderiam servir como exemplo).

Com isso, o conhecimento perde o caráter absoluto e torna-se relativo e decorrente das condições reais de vida. Não existem princípios *a priori*, e sim hábitos de pensamento, que são verdadeiros na medida em que sirvam como orientações eficazes para a ação.

O pragmatismo foi, desde o seu surgimento, marcado pela praticidade e pela utilidade. Peirce, o seu criador, deixava claro que as nossas crenças deviam ser regras de ação, e que o significado do pensamento decorria da conduta que ele pudesse orientar.

O surto de pragmatismo que se apossou deste primeiro momento da Idade Contemporânea provocou uma ruptura com as ideias e os hábitos historicamente estabelecidos. Rompeu com as explicações abstratas e com as tendências voltadas para o absoluto, alterou a concepção de homem que deixa de ser um ser teórico, e principalmente pensante, tornando-se um ser prático e de ação.

2. O intuicionismo

O intuicionismo surgiu na França, na segunda metade do século XIX, como uma forma de reação contra o cientificismo e a tradição cartesiana que dominavam todo o país. Foi uma maneira de fazer frente ao imperialismo da razão, que vinha sendo admitida como a única forma de compreensão do mundo.

A palavra intuição vem do latim *tueri*, que significa ver. Intuir, por sua vez, quer dizer ter uma visão súbita. Assim, a intuição se caracteriza como um tipo de conhecimento imediato, diferente do raciocínio, pois esse se dá por meio do encadeamento de juízos.

O intuicionismo, especialmente o *bergsoniano*, quer conhecer a vida, o "élan vital", que é tido como a fonte inesgotável da realidade material e espiritual, e não apenas o mundo exterior e objetivo. Assim, ele se caracteriza como uma orientação filosófica que admite ser o conhecimento fruto da intuição; a qual é entendida como uma forma superior de conhecer e que se apresenta como algo que transcende às condições reais.

O intuicionismo moderno se identifica mais como um método do filosofar, que admite ser a intuição o ponto de partida do conhecimento e do avanço do conhecimento humano, e vê as emoções e vontades humanas como formas de compreensão do mundo. Discorda, assim, do racionalismo, que acredita ser a razão o único caminho para o conhecer.

Admite-se, ao lado do conhecimento discursivo-racional, o conhecimento intuitivo-racional. O primeiro é próprio do campo teórico, e o segundo, do prático, pois a intuição consiste em uma apreensão imediata do objeto, sem intermediários. Desse modo, o intuicionismo acredita ser possível apreender a realidade pela via emocional e, com isso, rompe com o intelectualismo científico e com o racionalismo exacerbado.

Henri Bergson,[7] considerado o maior defensor do intuicionista moderno, em sua doutrina transferiu o tratamento filosófico do terreno especulativo para o da experiência espiritual. Propunha uma filosofia simples, sem os preconceitos das doutrinas filosóficas instituídas, as quais, no seu entender, não davam conta das grandes questões humanas, como sua origem, sua natureza e seu destino. Preocupava-se em dar espaço para o crescimento do evolucionismo, livre das pressões da ciência. Procurava dar à vida outro significado que não fosse apenas biológico, e sim um significado espiritual.

Ele indicou a intuição como o caminho metodológico capaz de substituir, com sucesso, o método positivista, por ser uma forma de captar a realidade imediatamente. Por outro lado, segundo ele, o mé-

---

7. Nasceu em Paris, no ano de 1859, e foi um mestre muito prestigiado no Colégio da França. Entre seus trabalhos sobressaem: *Ensaios sobre os dados imediatos da consciência*, de 1889, *Matéria e memória*, de 1896, *A evolução criadora*, de 1907, e *As duas faces da moral e da religião*, de 1932. Faleceu em Paris, no ano de 1941.

todo intuitivo era o único capaz de penetrar na essência do objeto e captá-lo no que existe de mais significativo, pois não se satisfaz em conhecer superficialmente o objeto, nem se contenta com a sua mera descrição. Apesar de ter valorizado a intuição, ele não abriu mão da racionalidade, porque, como entendia, o seu intuicionismo não era irracionalista.

Para ele, a fonte contínua de tudo era o "impulso vital", que se caracterizava como uma força evolutiva, pela qual eram produzidas novas formas, sempre de qualidade melhor. Esse impulso vital, que, no início, se divide em vida vegetativa e vida animal, traz, em estado latente, também, o instinto e a inteligência. Respectivamente, o primeiro seria desenvolvido nos animais irracionais e o segundo nos seres humanos. Contudo, pela limitação da inteligência, podendo conhecer apenas o lado aparente das coisas, e por faltar consciência ao instinto, no ser humano, inteligência e consciência estariam presentes por meio da intuição.

Somente o método intuitivo, pelo seu caráter criador, seria capaz de apreender o fluxo do real, de forma absoluta, mas não estática, como fazia o método racionalista. Pelo seu poder de transportar o sujeito para o cerne do objeto e o levar à apreensão da sua essência, bem como de sua totalidade e não de partes dela, Bergson identificou-o como sendo metafísico.[8]

Considerando que a realidade estava em um processo contínuo de criação, apresentando-se a cada momento de forma diferente e irrepetível, o conhecimento intuitivo era mais vantajoso do que o discursivo, pois só a intuição seria capaz de captar esse fluxo na sua experiência imediata. Só por meio da intuição o indivíduo seria capaz de compreender e captar a realidade na sua totalidade — interior e exterior —, pois a mesma é fluida, concreta e movente. Assim, a intuição se caracteriza como a consciência imediata, idêntica ao objeto. A intuição da duração está próxima da experiência metafísi-

---

8. Para Bergson, a metafísica é o conhecimento das essências, ou seja, é a forma de conhecer a realidade totalmente e não em partes.

ca, pois o real se apresenta à consciência concomitantemente ao ato de percepção concreta.

À inteligência é dado conhecer o absoluto do espaço, e à intuição, o absoluto da duração. Essa distribuição demarca, também, os campos da ciência e da filosofia; a primeira preocupada com o espaço e a segunda, com a duração. Do mesmo modo, a primeira, ao conjugar inteligência com natureza, aumenta o poder do homem e possibilita-lhe uma vida melhor; a segunda, ao revelar o ser na sua verdade, possibilita ao homem maior alegria.

Assim, ele faz uma distinção entre conhecimento imediato, no qual o pensamento se identifica com a realidade, e o conhecimento mediato, onde não existe identidade entre ideias e realidade. Contudo, como ele afirmava, o conhecer "depende do ponto de vista em que nos colocamos e dos símbolos pelos quais nos expressamos".[9]

3. A fenomenologia

Fenomenologia vem da palavra grega *phainomai* que significa o que aparece, o fenômeno. Preocupar-se com o fenômeno não é privilégio da contemporaneidade, visto que os primeiros pensadores gregos já se interessavam por ele.

A concepção fenomenológica é considerada uma das grandes correntes filosóficas da contemporaneidade e teve relevante influência na Europa e, também, na América. Apesar disso, existe uma acentuada tendência de interpretá-la como sendo um método, um instrumento de construção do conhecimento, que surgiu para fazer frente ao momento de crise cultural e espiritual que vivia a Europa nos fins do século XIX e início do XX.

Ela é, de fato, uma forma de crítica ao cientificismo reinante naquele momento, ou seja, uma tentativa de superação das concepções

---

9. Sciacca, Michele F., op. cit., p. 186.

empirista e racionalista, que entendiam ser o sujeito um ser distinto da realidade e separado do mundo. Para ela, existe uma íntima relação entre as coisas, entre o sujeito e o mundo.

A fenomenologia parte do princípio de que não existe realidade sem sujeito, nem sujeito sem realidade. Assim, os homens apreendem a realidade pela sua essência, pelo seu sentido. Como se vê, a essência não está fora do fenômeno e sim nele próprio. O fato dela estar no fenômeno não a faz igual a ele, pois ela difere dele no sentido de não ser pura concreticidade, nem um ser contingente; por outro lado, é ela quem define o fenômeno, dando o seu real sentido, de modo que não se confunda com nenhum outro. Com isso, vemos que a fenomenologia possui uma intencionalidade, a consciência das coisas não acontece por acaso; ela é intencional e orientada para um determinado objeto. Existe uma correlação entre o objeto e a consciência, e o primeiro só será definido em relação à segunda.

Edmund Husserl,[10] fundador e maior representante da concepção fenomenológica, entendia que havia dois tipos de ciências: a ciência dos fatos e a ciência das essências ou eidéticas. Esta última tinha como objeto a intuição do *eidos*, ou seja, da essência. Isso porque compreendia que a vida e suas formas de expressão possuíam uma essência universal e extratemporal, e que, para compreendê-la, era preciso intuir essa essência.

Considerando a relação da essência com o dado concreto, sua apreensão exigia que o sujeito soubesse abrir mão de elementos desnecessários. Esse processo, Husserl denominou de "redução fenomenológica" ou *epoché*, e consistia em colocar em suspensão, ou excluir, os dados da nossa subjetividade — hábitos, elementos psicológicos etc. —, bem como os elementos do mundo físico e religioso. Somente deixando de lado esses elementos, o sujeito poderia fixar-se na essência. Como define M. F. Sciacca: "reduzir, fenomenologicamente, signi-

---

10. Nasceu na Prosznitz, na Morávia, no ano de 1859, descendente de família israelita. Escreveu: *Prolegômenos à lógica pura*, entre 1900 e 1901, e *A filosofia como ciência rigorosa*, em 1913. Faleceu no ano de 1938.

fica dar outra voz à consciência, a sua liberdade, isto é, o conhecimento que não existe só no sentido psicológico ou dialético, ou científico da realidade, mas, como fundamento de todos estes sentidos, o sentido ontológico dela".[11]

Não satisfeito com o alcance dessa redução, ele faz a "redução transcendental", que coloca em suspense o próprio conteúdo pensado, a própria essência, visando a atingir a estrutura primeira do fenômeno. Nesse processo, ele descobriu que só existe consciência como consciência de algo, que ela só existe na relação sujeito-objeto. Ou seja, que não existe consciência sem objeto, nem objeto sem uma consciência para intuí-lo.

A metodologia husseriliana apresenta-se, assim, como uma volta ao concreto, à realidade das coisas, mas, principalmente, como uma busca da cientificidade para a filosofia, tida como a única atividade humana capaz de captar o fenômeno e sua essência. Imaginava poder fazer da filosofia uma ciência rigorosa e capaz de dar respostas claras e definitivas à problemática do conhecimento. Com isso, ultrapassaria a postura ingênua do conhecimento que percebe apenas os objetos e passaria a entendê-los como entes que só existem para o sujeito pensante.

Entre os seguidores da concepção fenomenológica destacam-se *Max Scheler* e *Martin Heidegger*.

4. O marxismo

O marxismo, como ciência da realidade social e como pensamento para a ação, emergiu em meados do século passado, quando a economia burguesa já estava cristalizada na sociedade urbano-industrial e quando a classe operária aparecia como um fenômeno novo constituído dentro da sociedade. Não por acaso, *Marx*[12] dirigiu-se à Inglaterra

---

11. Sciacca, M. F. *História da filosofia*. São Paulo: Mestre Jou, s.d., v. III, p. 260.
12. Karl Marx nasceu em Trèves, na Alemanha, no ano de 1818, de família de classe média e foi batizado no culto protestante. Faleceu no ano de 1883, em Londres, Inglaterra.

e à França para proceder seus estudos. Nesses países, a economia e a sociedade capitalistas se manifestavam constituídas com os seus múltiplos antagonismos.

O marxismo foi uma resposta necessária à compreensão da sociedade capitalista e à organização da classe operária no processo de emancipação do trabalho alienado. É uma teoria social que nasceu como forma de compreender e agir na prática das relações sociais, constitutivas da sociedade burguesa. Essa teoria surge da constatação da existência de contradições sociais que consistiam na existência e convivência de situações opostas, como classe dominante e dominada; patrão e operário, progresso e atraso, riqueza e pobreza, liberdade e escravidão etc.

O marxismo reúne herança de diversas origens e especificações: da Alemanha, herdou elementos da filosofia idealista hegeliana; da França, influências do seu socialismo; e da Inglaterra, os pressupostos da sua economia política. Constitui-se, a partir dessas várias fontes, em uma teoria social abrangente ao contemplar elementos dialéticos, elementos da prática política e da teoria econômica.

Essa concepção constitui-se em uma teoria materialista da sociedade, para a qual o mundo material exerce uma predominância sobre o mundo ideológico e no qual o movimento é a sua própria essência. A realidade não é o somatório de partes definidas e prontas, mas o processo de contínuo fazer-se; portanto, um materialismo dialético, em que a realidade, na sua dinâmica, só poderá ser tratada, também, de forma dialética.

Apesar de enfatizar o aspecto material, o marxismo não desconhece a existência do mundo ideológico, apenas o vê como consequência, ou seja, como reflexo das condições materiais. Nessa perspectiva, a infraestrutura — base econômica — é fator determinante da superestrutura — formas da consciência. Contudo, essa também é uma relação dialética na medida em que Marx reconhece, em dadas circunstâncias, "a força material das ideias", ou seja, circunstâncias em que as ideias ganham "força material" e constroem a história.

Assim, a teoria marxista caracterizou-se como um materialismo histórico que se manifesta como uma explicação do processo histórico a partir das relações de produção material na sociedade. A realidade social era explicada como dialética no sentido de ela ser uma construção humana e, ao mesmo tempo, condicionar a formação dos homens. Opunha-se ao materialismo mecanicista, que subestimava o lado criativo e consciente do homem, ao afirmar que ele era uma "tábula rasa" na qual a experiência imprimia as suas marcas. Esse tipo de materialismo, desenvolvido no século XVIII, diverge do materialismo marxista, pelo fato de afirmar que o processo de conhecimento é ativo; não é um simples reflexo da estrutura social, mas um produto social, construído na prática histórica contraditória.

Para o materialismo marxista, a situação humana relaciona-se às suas condições sociais e principalmente econômicas. A mudança decorre do desenvolvimento das forças produtivas (técnicas e condições de produção). Elas constituem o que Marx denominou de infraestrutura, as quais determinam e dão condições de explicação da superestrutura da sociedade (ideias políticas, jurídicas, filosóficas, criações artísticas) etc. Infra e superestruturas interagem continuamente nesse processo.

Assim, a história não é o império das forças econômicas, mas a interação destas com as ideias humanas. Ideias que são fruto da atividade humana circunstancializada pelas condições materiais de vida. Como ele afirmava, "a consciência não determina o ser social, mas o ser social determina a consciência".[13] O ser social ou a existência tinham em Marx um sentido abrangente ao significar tanto o ambiente material quanto as ações e as realizações humanas. Na sua obra intitulada *A ideologia alemã*, ele sistematiza essa concepção materialista da história.

Na obra *O capital*, Marx desvenda as tramas sociais do capitalismo e as consequências perniciosas para a realização humana e prevê o seu fim ocasionado pelas suas próprias contradições internas.

---

13. Citado em Basbaum, Leôncio. *Sociologia do materialismo*. São Paulo: Edições Símbolo, 1978. p. 37.

O sistema assegura a divisão do trabalho e o surgimento de classes antagônicas. De um lado, os donos dos meios sociais de produção e, do outro, os donos da força de trabalho. Os primeiros usufruem e os segundos executam. O trabalho torna-se uma mercadoria e é paga como tal. O executor desse trabalho, o operário, passa a ser simplesmente uma peça na máquina capitalista, recebendo o mínimo necessário para manter-se vivo e continuar produzindo. Aliena-se do resto, da cultura, do lazer e do próprio produto do seu trabalho, passando a tratá-los como estranhos e com uma certa idolatria. Essa alienação atinge a sua própria consciência de ser humano.

A concepção marxista foi, por muito tempo, negligenciada e até explicitamente recusada em muitos países. Atualmente, ela tem sido largamente estudada e tem servido como recurso metodológico para desvendar as tramas sociais que constituem a realidade da sociedade em que vivemos; com consequências fecundas quer para as ciências, quer para a prática política.

5. O existencialismo

Os anos 1930 e 1940, na Europa, foram marcados por ausências de perspectivas de vida e por crises existenciais. As guerras mundiais retiravam de jovens e adultos as possibilidades de ver o futuro. Nesse contexto, importava manter a autenticidade dos sujeitos, apesar do aspecto trágico do mundo. É nesse cenário que emerge o existencialismo, como uma forma de reflexão sobre a vida, sobre sua autenticidade ou inautenticidade. Então, a ideia do sujeito autêntico no abandono, na angústia, na decisão, ocupou o centro das atenções dos chamados filósofos existencialistas.

O movimento existencialista foi tão significativo para o momento de crise por que passava o mundo — Primeira e Segunda Guerras Mundiais — que surgiu, quase que a um só tempo, na Alemanha, na França e na Rússia.

Essa concepção parte do princípio de que a "existência precede a essência". Com isso, afirma-se que a essência, ou seja, o elemento definidor do ser, é caracterizada pela manifestação histórica do próprio existir. O homem é, pois, um ser histórico. Ligado de forma concreta à realidade e, a partir desse vínculo com o mundo, a sua essência vai sendo construída. Assim, ele abdica de qualquer explicação apriorística da vida humana. Na filosofia medieval, o homem possuía uma "essência" que, *a priori*, o determinava; aqui, a essência é construída.

Apesar de sua sistematização teórica ter acontecido no século XX, suas raízes são bem mais antigas. Surgiu como uma forma de reação ao idealismo hegeliano que fazia do homem um simples momento evolutivo da Ideia Absoluta. Tem no romantismo e nas ideias românticas fortes auxiliares que indicavam que o homem devia ser situado na sua existência concreta, levando o problema da existência para além da razão, para o terreno do querer.

Entre os pensadores existencialistas destacam-se: M. Heidegger (1899-1976), Karl Jaspers (1883-1969), Gabriel Marcel (1889-1973), e Jean-Paul Sartre (1905-1980), entre outros.

Vamos dar atenção a *Jean-Paul Sartre*, considerado um dos expoentes do existencialismo. Nasceu em Paris e ficou órfão de pai com apenas dois anos de idade, tendo sido criado por seu avô. Sua formação intelectual foi precoce, pois foi apresentado ao mundo por meio das leituras.

Demonstrou ser, em todos os momentos, um filósofo engajado nos problemas sociais e políticos. Participou da Segunda Guerra Mundial. Fundou, em Paris, o grupo *Socialismo e Liberdade* como forma de fortalecer a Resistência, trabalhou na elaboração de panfletos clandestinos contra a ocupação alemã e criou a revista *Os tempos modernos*, em colaboração com Merleau-Ponty e Raymond Aron.

Entre suas obras fundamentais encontra-se *O ser e o nada*, na qual ele procura deixar clara a diferença entre sua teoria filosófica e as teorias metafísicas tradicionais. Não aceitava a dicotomia entre ser e parecer; para ele, o ser é, de fato, o que parece; a realidade está no fenômeno e não fora dele. "O fenômeno pode ser estudado e descrito enquanto tal, pois ele é absolutamente indicativo de si mesmo".[14] O ser do fenômeno é dado pela consciência intencional.

Segundo ele, existem dois tipos de ser: o ser-para-si, que é igual à consciência, portanto, o sujeito, e o ser-em-si, que é o mundo objetivo, o real. O primeiro caracteriza-se como menos denso e possui espaços e brechas a que ele chamava de o nada. O segundo seria opaco, denso e sem nenhuma relação fora de si. O primeiro — ser-para-si — estaria aberto para o futuro e para a criatividade.

Como ser-para-si é futuro, é fazer-se, ele exige liberdade. A existência humana é marcada por essa possibilidade de escolher o que quer ser. Para Sartre, o homem tem o direito de escolher o seu ser, o seu destino e a sua vida, tornando-se totalmente responsável por tudo o que vier a lhe acontecer.

A teoria sartreana do ser-para-si não possibilita a existência de um ser sobrenatural. Ele é desnecessário, pois tudo decorre do próprio homem, até mesmo os valores são construções humanas. Como ele mesmo afirmou: "[...] não há natureza humana, visto que não há Deus para conceber. O homem é, não apenas como ele se concebe, mas como ele quer que seja, como ele se concebe depois da existência; o homem não é mais que o que ele faz".[15]

Como vemos, o homem torna-se totalmente livre, sua existência identifica-se com a própria liberdade e, dessa forma, ele deve assumir a total responsabilidade pelo seu destino. Tal situação, em que o homem não encontra parâmetro para a sua conduta nem refúgio para os seus problemas, leva-o a um estado de angústia, desamparo e desespero. Sartre explicitou essa situação humana tanto em sua obra filosófica, quanto na literária: *A náusea, O muro, Os caminhos da liberdade*.

Em síntese, a concepção existencialista é uma forma de resposta à situação vivida pela civilização ocidental com suas dificuldades. O

---

14. Citado em *Sartre*. São Paulo: Abril, 1978. p. X. (Col. Os Pensadores.)
15. Sartre, Jean-Paul. *O existencialismo é um humanismo*. São Paulo: Abril, 1978. p. 6. (Col. Os Pensadores.)

valor dado à existência demonstra a situação de angústia vivida pelos homens, decorrente da supervalorização de si mesmo. Assim, de maneira geral, o existencialismo ateu reflete tal situação ao negar a existência de Deus e das instituições, colocando os homens em uma situação de total liberdade e falta de parâmetros. Mergulhando-o na angústia, na incerteza e em uma total responsabilidade.

6. O neopositivismo

Desenvolvido pelos chamados pensadores do Círculo de Viena, nasceu no contexto de uma compreensão racionalizada da sociedade, na perspectiva do máximo de eficientização. Aspira-se a um conhecimento certo, seguro, até os seus últimos detalhes. Dessa forma, privilegiou as questões epistemológicas, usando os dados da observação para explicar a realidade, sem ter de apelar para a metafísica.

A busca de novos parâmetros para a investigação filosófica, baseados na cientificidade, caracteriza-se como uma posição antimetafísica, de valorização do empirismo lógico e matematização do conhecimento. Entendia-se que competia à ciência ordenar coerentemente os dados que chegavam até ela, e, pela lógica, tirar novas conclusões que deveriam ser controladas pela experiência.

Nisso era considerado de grande importância a crítica da linguagem, devido à estreita relação entre ela e a experiência, uma vez que esta é expressa por aquela. Assim, o neopositivismo responde a esse anseio de cientificidade, especialmente, por meio da filosofia analítica, ou seja, por meio do clareamento das expressões e de seus significados. Era importante garantir um discurso verdadeiro porque a falta de precisão de um conceito podia dificultar e até impedir a apreensão dos problemas filosóficos.

Colocar a linguagem, como forma de expressão da ciência, responsável pelo seu sucesso ou insucesso, demonstra a nova dimensão que a ciência havia conseguido, não mais como um conhecimento infalível, comprometido com a objetividade, com relações universais e necessárias, própria do século passado, e sim como uma ciência que visa à objetivação e trabalha com a probabilidade e a possibilidade.

Essa orientação da ciência elevou o valor das questões metodológicas, circunscreveu os diferentes métodos e os vinculou a seus respectivos campos, a suas respectivas ciências. A valorização metodológica implantada conduziu a uma necessidade de análise da linguagem, vista como expressão da ciência e, como tal, importante para o seu desenvolvimento. Por meio dela se poderia analisar as palavras, compreender os problemas e, assim, não perder tempo com falsos caminhos.

Com essas preocupações, vê-se que é o positivismo que renasce, agora, como uma nova interpretação, mas seguindo as mesmas ideias de antes ao apresentar-se como uma posição contrária à filosofia e à metafísica.

A física e os seus pressupostos metodológicos são tomados como o padrão de cientificidade. A verificabilidade e a mensuração são critérios de valor e de importância do conhecimento; diante disso, não há espaço para a filosofia e muito menos para a metafísica.

Ludwig Wittgenstein[16] é considerado o representante maior da filosofia analítica, na sua segunda fase. Os intérpretes dividem sua obra em duas fases, a do primeiro Wittgenstein, ou seja, a do *Tractatus*,[17] e a do segundo Wittgenstein, fase em que escreveu: *Algumas observações sobre forma lógica, Observações filosóficas* e *Os cadernos azul e marrom*.

Os temas desenvolvidos no *Tractatus* estão divididos em proposições que vão de um a sete, de acordo com o nível crescente de complexidade da argumentação. Entre elas, a primeira proposição afirma: "o mundo é tudo o que ocorre"; a segunda explica a primeira, ao afirmar: "o que ocorre, o fato, é subsistir de estados de coisas",

---

16. Nasceu em Viena, no ano de 1889, e faleceu no ano de 1951. Membro de família abastada, interessou-se, a princípio, pela engenharia, voltando-se, mais tarde, para o estudo da lógica. Escreveu: *Tractatus lógico-philosophicus,* de 1922, e *Algumas observações sobre forma lógica,* entre outros.

17. Obra considerada a mais importante do autor, escrita durante a Primeira Guerra Mundial, quando servia, como voluntário, no exército austríaco.

enquanto a terceira diz que "o pensamento é a figuração lógica dos fatos". Nesse aspecto, ele entendia que uma ideia era, de fato, figuração da realidade e não o que poderia ser a realidade. Do mesmo modo, um nome representaria uma coisa, outro nome, outra coisa, o que indica a relação existente entre os fatos reais e as estruturas linguísticas.

Diante da relação existente entre as proposições e aquilo que elas representavam, as primeiras deveriam possuir os mesmos elementos que as segundas, sendo que competiria à filosofia indicar o que poderia ser dito e o que não poderia ser dito e sim representado.

No que se refere à linguagem, seu entendimento era de que ela se baseava na noção de "nome", ou "signos simples", uma vez que ele não era composto por outros signos. O papel do nome ou do signo simples era o de representar o objeto como um elemento também simples. Os objetos eram tidos como simples por serem formados de substâncias que possuíam uma existência independente dos acontecimentos, o que os faz ser sempre os mesmos, de modo que as mudanças aconteciam apenas na sua configuração e não neles.

Porém, o nome sozinho nada dizia, de modo que a representação da realidade decorria da combinação de vários nomes, ou seja, da sentença. Assim, o centro da teoria da linguagem encontra-se nas sentenças, do mesmo modo que, para se compreender uma proposição, exigia-se a compreensão dos seus elementos constitutivos.

A proposição sete do *Tractatus*, sentencia que "o que não se pode falar, deve-se calar". Nesse ponto Wittgenstein começa admitindo os limites das proposições, ao afirmar que elas só tinham condições de dizer o que as coisas são e não como seriam. Isso reflete a falta de compromisso com o futuro, o que, por sua vez, estava, certamente, ligado ao entendimento de que no mundo tudo era acidental, sendo difícil inferir uma coisa de outra coisa. Como ele mesmo compreendia, dizer "que o sol se levanta amanhã" é apenas uma hipótese e não uma certeza. Existia uma grande diferença entre a vontade de realização e a realização, pois os homens não tinham o poder de impor nada, todos os acontecimentos se davam de forma acidental.

Diante da condição acidental de tudo, também as proposições o eram. Isso implicava ter que se calar diante de outros aspectos da realidade, como no concernente às questões éticas e metafísicas. Não que ele afirmasse que elas não existissem, e sim que existiam em outra dimensão, fora do mundo acidental, em um plano transcendental. No que se refere à ética, seu entendimento era de que os valores não podiam ser acidentais, como no mundo tudo era acidental, então não podia haver valor no mundo e sim fora dele. Como consequência, não poderia existir no mundo o bem ou o mal, o bom ou o ruim. A mesma coisa acontecia com a metafísica: também ela se colocava fora do alcance da linguagem, pois não podia ser representada por proposições. Porém, apesar de indízível, sua existência era inquestionável, apenas se deveria calar frente a ela.

Na sua segunda fase, Wittgenstein abandonou a lógica, chegando a afirmar a insuficiência do que havia discutido no *Tractatus*, por não dar conta de todos os problemas da linguagem. Para ele, a linguagem engendrava superstições de modo que competia à filosofia buscar desfazê-las. Com essa nova preocupação, afirmava que não era preciso compreender o sentido da linguagem e sim conhecer suas funções concretas. A linguagem passa a ser apenas um instrumento, de modo que "não pode ser unificada segundo uma única estrutura lógica e formal".[18]

Assim, afirmava que um dos problemas vividos pelos filósofos decorria da preocupação em buscar a essência da linguagem, algo que estivesse escondido atrás dela, o que consistia em um engano, pois nada existia nela que não estivesse ao alcance da inteligência humana. Com isso, ele não pretendia dizer que a filosofia não possuía problemas a serem questionados, mas que o que ela possuía eram "perplexidades", sendo que competia a ela mostrar de onde vinham essas perplexidades e como elas estavam relacionadas com o pensamento humano. A ela competia indicar questões e não resolvê-las.

As ideias de Wittgenstein tiveram grande influência, principalmente, no Círculo de Viena, que o batizou como o "pai do positivismo lógico" ali desenvolvido.

---

18. Wittgenstein, L. J. J. *Tractatus*. São Paulo: Abril, 1979. p. XII. (Col. Os Pensadores.)

7. O estruturalismo

O estruturalismo surgiu na segunda metade do século XX, no campo da linguística, como uma forma de se estudar as estruturas significativas da língua. A partir daí, ganhou várias interpretações, a ponto de ser entendido como um ponto de vista epistemológico e não uma teoria filosófica ou um método.

O termo deriva da palavra estrutura, que, por sua vez, tem recebido diferentes significados. À primeira vista, ele nos remete ao entendimento de algo estável e sólido, que sirva de ligação entre elementos diferentes. Como se fosse uma essência imutável que sustenta os elementos mutáveis de um todo. Porém, os estruturalistas não a veem como algo abstrato e universal e sim como real e concreto, mediante a qual se torna possível descobrir significados e elementos que se acham subjacentes. Como afirma Jean Pouillon: "A estrutura é, portanto, aquilo que nos revela a análise interna de uma totalidade: elementos, relações entre os elementos e o arranjo, o sistema dessas mesmas relações".[19] E ele conclui: "estrutura, organização, arranjo, disposição são sinônimos".

Claude Lévi-Strauss,[20] considerado o fundador do estruturalismo, no campo da etnologia, tomou o termo estruturalismo de Ferdinand de Saussure, porém o mesmo já havia sido utilizado por Radcliffe Brown, para definir uma rede de relações sociais padronizadas, que ele acreditava existir na sociedade.

Lévi-Strauss, fazendo uso da epistemologia e da sociologia do conhecimento, demonstrou que conhecer a sociedade só seria possível pelo conhecimento da sua estrutura interna, a qual não se acha manifesta. Isso porque ele acreditava que as culturas e as sociedades, apesar

---

19. Pomillon, Jean. In: Coelho, Eduardo Prado (Org.). *Estruturalismo*: antologia de textos teóricos. São Paulo: Martins Fontes, s.d., p. 3.

20. Nasceu em Bruxelas, no ano de 1906. Em 1934 transferiu-se para o Brasil, ensinou na Universidade de São Paulo e fez inúmeras expedições pelo Mato Grosso e Amazonas. Escreveu: *O pensamento selvagem*, de 1962; *O cru e o cozido*, de 1964, entre outros.

de serem criativas e dialéticas, possuíam algo de preexistente, de fixo e de estrutural, e, para compreendê-las, fazia-se necessário captar esse elemento. Pelo conhecimento dessas estruturas, seria possível descobrir significados e elementos da estrutura social, econômica e até psicológica. Isso foi por ele comprovado, por meio dos seus estudos sobre parentesco e costumes, ao descobrir que neles existiam estruturas inconscientes, de caráter coletivo.

Por outro lado, os elementos que compõem um todo não são independentes. Eles só têm sentido na sua relação com o todo. Do mesmo modo, a totalidade não pode ser pensada fora dessa relação com as partes. Como indicou o próprio Lévi-Strauss: "uma estrutura oferece um caráter de sistema. Ela consiste em elementos tais que uma modificação qualquer de um deles acarreta uma modificação de todos os outros".[21] E são absorvidas pela totalidade.

Diante disso, não existe uma estrutura social única, e sim duas: uma previsível, própria das estruturas, e outra imprevisível, decorrente dos acasos. Ao estruturalismo só seria possível trabalhar com a primeira, porque possui uma regularidade, sendo possível prever seus rumos e transformações. Isso porque, para ele, existem poucas diferenças nas diferentes culturas. Quase sempre são diferenças superficiais, enquanto, internamente, possuem estruturas mentais inconscientes de caráter universal.

Alertava para o fato de não nos enganarmos pela aparência da situação, pois "quanto mais nítida a estrutura aparente, mais difícil torna-se apreender a estrutura profunda, por causa dos modelos conscientes e deformados que se interpõem como obstáculos entre o observador e seu objeto".[22] O que implica dizer que o estruturalismo é uma forma de buscar conhecer por trás do dado aparente a sua significação, a sua "razão oculta", a sua estrutura.

---

21. Lévi-Strauss, Claude. Antropologia estrutural [p. 315]. In: Coelho, Eduardo Prado (Org.). *Estruturalismo-antologia de textos teóricos*. São Paulo: Martins Fontes, s.d., p. 13.

22. Idem, p. 318.

8. A escola de Frankfurt

Como afirma Barbara Freitag,[23]

> [...] com o termo "Escola de Frankfurt" procura-se designar a institucionalização dos trabalhos de um grupo de intelectuais marxistas, não ortodoxos, que na década dos anos 20 permaneceram à margem de um marxismo-leninismo "clássico", seja em sua versão teórico-ideológica, seja em sua linha militante e partidária.

O objetivo inicial do grupo era o de organizar a documentação dos movimentos operários na Europa. Assim, criou-se o Instituto de Pesquisa Social, ligado à Universidade de Frankfurt, porém, com autonomia institucional e econômica.[24] Teve na pesquisa a sua maior preocupação, tendo sido dirigido por Carl Gruenberg e Max Horkheimer.

Na gestão de Horkheimer, a partir do ano de 1930, o Instituto se consagrou como centro de pesquisa, tendo como tema central o capitalismo moderno e suas consequências para a classe operária. A preocupação era desvelar de que forma o avanço do capitalismo serviu para frear o impulso revolucionário do trabalhador. Com o intuito de divulgar os trabalhos produzidos na área, criou-se a *Revista de Pesquisa Social*.

No ano de 1933, o Instituto transferiu-se para Genebra e, em 1934, para Nova York, onde se vinculou à Universidade de Colúmbia. Nesse período, desenvolveu o seu objetivo, também, pelo incentivo a novos pesquisadores, mediante a concessão de bolsas de pesquisa. De volta a Frankfurt, na década de 1950, tomou em suas mãos o objetivo de avaliar as consequências da guerra sobre a juventude. Procuravam conhecer os efeitos da educação autoritária recebida por

---

23. Freitag, B. *A teoria crítica ontem e hoje*. São Paulo: Brasiliense, 1990. p. 10.

24. A autonomia econômica foi possível graças a Felix Weil, filho de um alemão produtor de trigo, que emigrou para a Argentina, no final do século XIX.

esses jovens, ou seja, até que ponto eles haviam absorvido o autoritarismo recebido.

Entre os temas privilegiados pela Escola, destacam-se a "dialética da razão iluminista" e a crítica da ciência. Apesar de não haver uma homogeneidade entre os autores da Escola, no concernente às suas posições teóricas, havia uma identidade quanto aos temas tratados.

Adorno[25] e *Horkheimer*,[26] no livro *A dialética do esclarecimento*, discutem a problemática da razão, buscando mostrar de que forma ela perde a sua condição emancipatória em favor da dominação. A explicação consistia em mostrar como a razão iluminista havia se transformado em razão instrumental, por meio da automação e para servir à ciência e à técnica. Nesse processo, ela se torna uma razão alienada e a serviço da dominação dos seres humanos.

Horkheimer volta a tratar do tema no livro *Teoria tradicional e teoria crítica*, de 1937, ao abrir um debate acerca da neutralidade nas ciências sociais e sua relação com os juízos de valor. Isso porque ele entendia que, modernamente, a ciência precisava trabalhar com juízos de existência e não com juízos de valor. Como afirma Barbara Freitag: "praticar teoria e filosofia é para Horkheimer algo inseparável da ideia de nortear a reflexão com base em juízos existenciais comprometidos com a liberdade e a autonomia do homem".[27]

No ensaio intitulado "Teoria crítica ontem e hoje", de 1970, Horkheimer, já descrente do poder revolucionário do proletariado, retorna ao assunto ao demonstrar que a situação do proletariado decorreu da sua crescente degradação, provocada pelos bens gerados pelo capitalismo. Adorno, por sua vez, mostra que a utilização feita pelo positivismo da razão instrumental, pode gerar a sua autodestruição, pois, ao se fechar no dogmatismo, ele não deixa margem para o questionamento nem para o avanço.

---

25. Nasceu em 1903 e faleceu no ano de 1969.

26. 1895-1973. Formou-se em filosofia em Frankfurt, assumiu a cátedra de filosofia social, foi o segundo diretor do Instituto de Pesquisa Social.

27. Freitag, Barbara. Op. cit., p. 37.

Habermas[28] apoiou a teoria adorniana. Retomou, também, os temas trabalhados por Horkheimer, apesar de tomar um caminho diferente daquele apresentado para a razão instrumental. Distanciou-se desta e criou o conceito de razão comunicativa, que se dá no processo das relações sociais. Assim, a racionalidade perde o seu caráter abstrato em favor do dialogal. Nessa perspectiva, nada pode ser definitivo, tudo pode ser contestado e analisado e isso se dá no movimento. Também o método positivista, como critério para a verdade, perde o seu caráter inquestionável e infalível.

9. Conclusão

À guisa de conclusão, podemos dizer que a Idade Contemporânea não privilegiou um tema central, na sua práxis filosófica. Em decorrência das suas emergências histórico-sociais, retomou velhas tendências filosóficas em uma interpretação atual, ou seja, condizente com os seus anseios e suas necessidades ou proporcionou o surgimento de novas teorias privilegiando a problemática emergente no momento.

No primeiro aspecto, com o intuicionismo, o neopositivismo e a fenomenologia, teve condições de atacar antigas verdades como o culto à razão humana, que a via como o único critério de verdade, ao mostrar outros caminhos metodológicos capazes de levar à elucidação do real.

Por outro lado, o pragmatismo, o marxismo, o existencialismo e o estruturalismo representam novas formas de compreensão do mundo que surgiram como respostas aos anseios e necessidades do momento. O primeiro, visando a colocar um ponto final nos problemas de caráter metafísico ao eleger o útil e o necessário como sendo o verdadeiro; o marxismo apresentou-se como uma forma de compreender a sociedade capitalista e suas relações sociais; o existencialismo con-

---

28. Nasceu em 1929. Escreveu: *A lógica das ciências sociais*, 1967; *Conhecimento e interesse*, 1968; *Teoria da sociedade ou tecnologia social*, 1972.

sistiu em uma maneira de fazer frente ao aspecto trágico do mundo pós-guerra, mantendo a autenticidade dos sujeitos a partir de uma reflexão sobre a autenticidade ou inautenticidade da sua existência. O Estruturalismo, por sua vez, se apresenta como uma exigência da segunda metade do século XX, que se acha mais preocupada com o conhecimento da sociedade, e acreditava que isso só seria possível pelo conhecimento da sua estrutura interna.

Assim, cada concepção, retomando elementos tradicionais ou inaugurando uma forma nova de pensar o mundo, teve uma função específica e necessária ao momento contemporâneo.

Capítulo 9

O nosso exercício brasileiro do filosofar

Nos capítulos anteriores, tivemos oportunidade de verificar os caminhos históricos do exercício do filosofar no Ocidente. Estudamos como cada época exercitou o seu esforço de dar sentido e significado à vida e ao mundo em torno dela. Agora, vamos ater-nos ao nosso exercício brasileiro do filosofar.

Este capítulo contém uma discussão do processo do filosofar no Brasil. Iniciamos por uma exposição das diversas tendências de interpretação da presença do pensamento filosófico no Brasil, discutindo-as criticamente. A seguir, uma exposição, ainda que sintética, dos diversos conteúdos que se fizeram presentes no nosso exercício do filosofar nos períodos da Colônia, do Império e da República. Por último, sinalizamos alguns elementos da tarefa que cabe e caberá a cada um de nós no exercício cotidiano do filosofar.

1. Filosofia nossa ou filosofia entre nós?

A existência ou não de uma filosofia como resultante do exercício do filosofar nos países denominados periféricos e subdesenvolvidos é bastante controvertida.

Os intérpretes da história do pensamento filosófico no Brasil se agrupam em duas tendências, tomando por critério a posição teórica assumida sobre o exercício do filosofar no nosso país.

A primeira é a tendência *não crítica*, na medida em que simplesmente assume os conteúdos que se encontram nas obras de caráter filosófico como sendo o pensamento filosófico brasileiro. Não discute se esse pensamento filosófico efetivamente possui as características de um verdadeiro pensamento filosófico. Por isso a denominamos de não crítica. Os autores dessa tendência são: Geraldo Pinheiro Machado e Antonio Paim.

A segunda tendência, que denominamos *crítica*, interpreta o pensamento filosófico no Brasil articulado com as condições histórico-sociais em que viveu e vive o país. A criticidade dessa tendência está no fato de desvendar os determinantes histórico-sociais que condicionaram e que condicionam o exercício do filosofar no Brasil. Essa tendência se subdivide em duas perspectivas. Uma que estuda o pensamento filosófico no Brasil sob a égide da transplantação cultural estrangeira, especialmente a europeia, assumindo que esta se deu com alguma originalidade, possibilitando um tipo específico de filosofar no nosso meio. Nessa perspectiva, estão os autores João Cruz Costa e Luiz Washington Vita. A segunda perspectiva assume que houve transplantação de cultura filosófica para o Brasil e que, tanto no passado como no presente, temos imitado o pensamento estrangeiro. Roberto Gomes é o autor que representa essa tendência. Para ele, ao invés de um filosofar no Brasil, temos uma filosofia "entre nós".

A seguir, vejamos como estão formuladas essas compreensões.

1.1 *Sílvio Romero: primórdios dos estudos sobre o pensamento filosófico no Brasil*

Sílvio Romero foi o primeiro estudioso do pensamento filosófico no Brasil. Em 1878, publicou, em Porto Alegre, uma obra denominada

"Filosofia no Brasil: ensaio crítico."[1] A partir daí, outros autores vêm tratando essa temática e emitindo opiniões sobre se houve ou não no passado e se há ou não no presente um pensamento filosófico desenvolvido no país.

No seu inventário, Sílvio Romero chega à conclusão de que até a segunda metade do século passado praticamente não se tinha realizado em nosso país uma produção de conhecimentos filosóficos. Ele mesmo considerava que o título do seu ensaio poderia provocar riscos de zombaria em alguns leitores.

> O título deste pequeno ensaio — escreve ele — talvez excite o sorriso de mofa em alguém que saiba qual o estado do pensamento brasileiro, qual a contribuição que o Brasil tem levado ao movimento científico da humanidade. Todavia, há sério naquelas palavras... Eu quero justamente ocupar-me da filosofia no Brasil, desejo indicar a evolução desta matéria neste país.[2]

Considerando o passado (no caso, período anterior a 1878), Sílvio Romero observava que, até aquele momento, a filosofia não fazia parte propriamente da experiência intelectual brasileira. É seu o seguinte comentário:

> Pode-se afirmar, em virtude da indagação histórica, que a filosofia, nos três primeiros séculos da nossa existência, nos foi totalmente estranha. ...Nos três séculos que nos precederam, nem um só livro dedicado às investigações filosóficas saiu da pena de um brasileiro. É mister avançar até o século presente (século XIX) para deparar com algum produto desta ordem e, neste mesmo (século), é preciso chegar aos anos posteriores àquele que marca-lhe o meado para que a coisa seja uma pequena realidade.[3]

---

1. Romero, Sílvio. Filosofia no Brasil: ensaio crítico. In: Vita, Luiz Washington (Org.). *Obra filosófica*. Rio de Janeiro: José Olympio, 1969.
2. Idem, p. 5.
3. Idem, p. 7.

Porém, após resenhas e considerações sobre a fragilidade do passado filosófico brasileiro, Sílvio Romero assume uma posição favorável aos autores que vai analisar e comentar. São eles: Luis Pereira Barreto, médico paulistano; Tobias Barreto, jurista sergipano; Visconde do Rio Grande e Guedes Cabral. Sentindo-se satisfeito por encerrar um estudo do passado filosófico brasileiro (sem atrativos, segundo o autor) relativo ao período colonial e imperial e introduzindo-se na abordagem dos autores que emergiam naquele momento, ele escreve:

> Falta-nos agora apreciar os quatro espíritos brasileiros de mais saliente cunho neste século (século XIX). Estamos em boa companhia; minha pena não deve mais agitar-se trêmula sobre o papel; ideias amigas lhe darão suave curso.[4]

Para o autor, a ausência de pensamento filosófico no Brasil no período anterior a meados do século passado não se dava por acaso. Para ele, não era gratuito o fato de o Brasil só vir a se dedicar ao pensamento filosófico tardiamente, no século XIX. Segundo ele, o pensamento filosófico europeu não fora assimilado em Portugal e o Brasil sofreu do mesmo processo, através da colonização portuguesa. Comenta:

> As discussões e lutas (filosóficas) desses tempos não mandaram um eco só até cá. Os trabalhos de Bacon, Descartes, Gassendi, Leibniz, Espinosa, Malebranche, Berkeley, Locke, Wolf e Kant foram, em sua época, como inexistentes para nós! O fato é de uma explicação mui clara: o abandono da Colônia e, ainda mais, o atraso da Metrópole, para a qual aqueles nomes passaram desapercebidos, fornecem a razão do fenômeno.[5]

Em síntese, para Sílvio Romero, o período colonial brasileiro, assim como parte do período imperial, não conheceu um exercício

---

4. Idem, p. 55.
5. Idem, p. 7.

do filosofar digno desse nome. A seu ver, iniciava-se naquele momento um processo de tentativas significativas do filosofar no Brasil. Intérpretes posteriores não terão a mesma condescendência que Sílvio Romero teve com os pensadores do final do século XIX.

Vale ressaltar que Sílvio Romero representa um primeiro esforço de inventariar e meditar sobre a trajetória do nosso exercício do filosofar. Esse autor, no século passado, já sinalizava as fragilidades do nosso processo histórico do filosofar. Ele é pioneiro nesses estudos. Como ele mesmo diz, parecia ser uma piada querer estudar a filosofia no Brasil, no momento em que fazia publicar a sua obra.

1.2 Geraldo Pinheiro Machado e Antonio Paim: tendência não crítica de interpretação do pensamento filosófico no Brasil

Os dois autores que classificamos dentro do título deste tópico representam um modo específico de estudar a história do pensamento filosófico no Brasil. Eles assumem que aqui há um pensamento filosófico constituído, e que esse pensamento é o resultado de um exercício histórico do filosofar. Eles defendem uma certa "neutralidade" frente ao que dizem os autores. Para estes dois analistas, importa mais compreender e explicitar o que os pensadores disseram e não o estabelecimento de um juízo crítico sobre se eles produziram ou não filosofia.

Denominaríamos essa posição de não crítica na medida em que estes autores não estão preocupados em questionar a forma do filosofar desses pensadores, nem em questionar as condições histórico-sociais nas quais se deram e construíram os seus pensamentos, assim como as interferências desses condicionantes no resultado do pensar desses autores. Esses intérpretes trabalham mais com a história das ideias filosóficas que com a história do filosofar no Brasil.

Geraldo Pinheiro Machado, em *Filosofia no Brasil*,[6] obra de 1961, assume como critério de seu estudo seguir cronologicamente o apare-

---
6. Machado, Geraldo Pinheiro. *Filosofia no Brasil*. 3. ed. São Paulo: Cortez e Moraes, 1976. p. 9 e 10.

cimento dos livros e das obras dedicadas ao campo do conhecimento filosófico, sem pretender estabelecer uma crítica externa aos autores. Ele diz:

> [...] sobre filosofia no Brasil, abandonamos completamente a linha tradicional da historiografia filosófica brasileira 1°) quanto ao propósito de procurar a *originalidade* dos autores de filosofia, entendida como invenção mais ou menos espetacular de coisas não antes formuladas, e 2°) quanto à vontade de manifestar-se a *favor* ou *contra*, parecendo-nos que só excepcionalmente interessa à história esse tipo de pronunciamento do historiador, interessando normalmente antes as teses e os temas, os objetos de inteligência apreendidos por ele no material do que dispõe.[7]

Com isso, o analista está nos indicando que ele, em sua obra, segue o conselho que dá aos seus leitores, que se resume na necessidade de ler "os" autores, encontrando seus temas e suas teses, e não ler, "nos" autores, assuntos, temas e teses. O que importa, para ele, é compreender o que disseram, e não proceder a uma abordagem crítica sobre o produto do seu pensamento, na perspectiva de verificar se esse pensamento significou ou não um verdadeiro exercício do filosofar. O professor Geraldo Pinheiro está interessado em ordenar o produzido sem questionar se ele se constitui ou não em um verdadeiro exercício do filosofar. Ele assume o existente como o resultante do exercício do filosofar e o expõe.

O professor Antonio Paim, na esteira da posição do professor Geraldo Pinheiro Machado, assume também uma posição não crítica em termos da história do nosso exercício do filosofar. As suas ideias estão expressas no livro *História das ideias filosóficas no Brasil*,[8] de 1967.

Para ele, a história do filosofar em nosso país é aquela que se manifesta nos livros de autores brasileiros, onde estão expressos os modos como esses pensadores enfrentaram, teoricamente, os desafios

---

7. Idem, p. 9.
8. Paim, A. *História das ideias filosóficas no Brasil*. São Paulo: Grijalbo, 1967.

emergentes em suas respectivas épocas. O autor não entra na discussão sobre reprodução ou assimilação do pensamento estrangeiro. Ele é afirmativo, defendendo a tese de que existe uma história do pensar filosófico no Brasil. O pensamento contido nos livros de filosofia no Brasil é para ele a expressão de como os pensadores nacionais responderam às emergências que os assediavam. Para esse analista, o que se encontra nos livros de filosofia no Brasil é o pensamento filosófico sobre nossas emergências e não elucubrações puras, baseadas em pensamentos produzidos no exterior e para aqui transplantados.

> Ao invés de simples diletantes — escreve ele — como às vezes chegaram a ser encarados — os principais dentre os nossos pensadores trataram de enfrentar os desafios de seus respectivos momentos. E o fizeram no passado como o fazem no presente, a partir do ambiente brasileiro e não como cultores de ideias exóticas elaboradas no exterior.[9]

E, para desenvolver o seu esforço de análise das obras e dos pensamentos nelas contidos, Paim pretende buscar compreender o que elas dizem, sem assumir uma posição crítica sobre as mesmas. Essa intenção foi assim explicitada:

> O princípio mais geral ao qual se subordina (a presente forma de análise dos pensadores brasileiros) inspira-se na tese do prof. Miguel Reale, segundo a qual, na análise do tema considerado, o essencial é evitar a crítica externa das obras e os fatos de sabor anedótico para tentar apreender as ideias esposadas e suas implicações.[10]

Portanto, para o autor, não há que se estabelecer uma crítica sobre a prática do filosofar no Brasil. Para estudar a história do pensamento filosófico no país basta assumir o que está exposto nos livros como sendo um pensamento filosófico significativo. Não há que discuti-los interpretativamente; há que se apropriar deles e expô-los.

---

9. Idem, p. 10.
10. Idem, p. 15.

1.3 João Cruz Costa, Luiz Washington Vita, Roberto Gomes: tendência crítica de interpretação do pensamento filosófico no Brasil

O professor João Cruz Costa, em seu livro *Contribuição à história das ideias no Brasil*,[11] publicado pela primeira vez em 1952, assume, em relação ao pensamento filosófico brasileiro, uma posição crítica na medida em que desvenda a constituição do nosso exercício do filosofar a partir do processo de transplantação cultural europeia, assim como demonstra que a própria transplantação já traz, em si, alguma originalidade. Utiliza-se de recursos do método dialético para estudar a questão da emergência do pensamento filosófico no Brasil. Diz ele:

> Muita ideia mudou e muita teoria nascida no outro lado do Atlântico tomou aqui expressões que não parecem perfeitamente condizentes com suas premissas originais e que há um estilo próprio aos diferentes meios, estilo este condicionado pelo próprio devir histórico.[12]

Com isso, o autor quer lembrar que o pensamento filosófico brasileiro recebeu transplantações culturais europeias, porém, não de uma forma mecânica, mas de tal modo que o pensamento transplantado sofreu as influências do meio, adaptando-se a ele. Para o autor, houve imigração de ideias estrangeiras para o país; "era compreensível que imitássemos os colonizadores", nos lembra ele. Porém, tem clareza de que essas ideias não ficaram imunes às influências do novo meio para onde elas migraram.

Para Cruz Costa, o pensamento filosófico de um povo nem é puramente exógeno nem é puramente endógeno. Não seria possível um pensamento só fascinado pela Europa, como não seria possível um pensamento só articulado com o próprio meio. Não existe uma cultura *ex nihilo*. O autor procura evitar os extremos e "encarar o problema das

---

11. Costa, João Cruz. *Contribuição à história das ideias no Brasil*. 2. ed. Rio de Janeiro: Civilização Brasileira, 1967.

12. Idem, p. 4.

vicissitudes histórico-sociais da filosofia europeia no Brasil em razão do conjunto das condições de nossa vida histórica".[13] Em vista desse entendimento, ele admite que na história do pensamento filosófico brasileiro há transplantação, porém, de uma forma que possibilita a emergência de características próprias. Escreve ele:

> Todo processo de identificação — e a filosofia no envolver de nossa história incorreu num desses processos — é parcial e toma formas particulares que caracterizam o indivíduo ou o povo que passa por ele. Foi isso, parece, que se deu conosco. Se essa cultura passou por uma série de processos de variadas identificações, estes revelam, todavia, uma imagem curiosa do pensamento nacional em formação.[14]

Para concluir essa análise, o autor nos lembra que:

> A filosofia não é exterior ao mundo. Não é simplesmente uma aventura do espírito, mas uma aventura humana, total, que se expressa, frequentemente, de modo sutil, mas cujas raízes estão na terra.[15]

Essas colocações nos demonstram um posicionamento crítico de João Cruz Costa sobre o exercício do filosofar: nem um tratamento idealista, nem uma negação do que aqui ocorreu. Uma análise do nosso exercício histórico do filosofar dentro de seus condicionamentos.

Luiz Washington Vita, em sua obra *Panorama da filosofia do Brasil*,[16] de 1969, possui uma posição um tanto assemelhada à de João Cruz Costa. Reconhece que estamos distantes da constituição de um pensamento filosófico; contudo, admite que no Brasil há filosofia. Nessa perspectiva, ele diz que "[...] somos ainda modestos nesse campo, e as contribuições nacionais para a filosofia universal longe estão

---
13. Idem, p. 7.
14. Idem, p. 9.
15. Idem, p. 12.
16. Vita, Luiz Washington. *Panorama da filosofia no Brasil*. Porto Alegre: Globo, 1969.

de qualquer relevância",[17] porém, não deixa de reconhecer que temos alguma produção nessa área na medida em que entende que "[...] sem sermos milionários do saber filosófico, nem por isso deixamos de ser 'remediados'".[18] Para o autor, temos muito ainda a fazer nesse campo, não podendo agora competir com os países estrangeiros:

> [...] é evidente que não podemos competir com países de maior tradição filosófica, mesmo porque a filosofia é prêmio e conquista, sedimentação e disciplina, saber e sapiência que só o tempo outorga e consolida.[19]

Para aprofundar essa afirmação, amplia a sua discussão escrevendo:

> Com efeito, cumprindo o seu papel, o pensamento brasileiro, não obstante ter sido mais assimilativo do que criativo, possibilitou aos filósofos nativos irem além do mero diletantismo, já que eles procuravam (e procuram) enfrentar os desafios de seus respectivos momentos históricos, inseridos no e atentos ao ambiente brasileiro. Assim, a história da filosofia no Brasil se, por um lado, quase sempre é a história da penetração do pensamento alheio nos recessos de nossa vida espiritual ou a narrativa do grau de compreensão e do quociente de sensibilidade especulativa nossos, por outro lado, é também a demonstração do critério de *escolha* ou de opção em face do pensamento mais adequado para a solução dos mais candentes problemas nacionais, partindo, portanto, do ambiente histórico-social que o circunda e o alimenta, ainda que com ideias elaboradas no exterior, porém aqui testadas e convertidas em condicionadoras de ação mais que em categorias abstratas.[20]

E, novamente, o autor confirma seu entendimento de que os filósofos brasileiros, mais do que construtores de um novo pensamento filosófico, foram assimiladores, ao dizer:

---

17. Idem, p. 1.
18. Idem, p. 2.
19. Idem, p. 2.
20. Idem, p. 3.

Nesse sentido, os filósofos nacionais, ao contrário de terem sido meros divulgadores, em verdade, foram e continuam sendo assimiladores de doutrinas alheias, adaptando-as às exigências de nossa formação histórico-espiritual.[21]

Nesse processo de assimilação do pensamento alheio, nós temos uma atitude de adaptação do mesmo às nossas condições específicas. Vejamos o seguinte trecho:

> No processo de assimilação das ideias alheias, imprimimos as nossas características, de acordo, aliás, com o velho princípio: tudo o que se recebe toma a forma do recipiente, ou como certos perfumes que, em contato com a epiderme, sofrem uma alteração química que lhe alteram a fragrância, e nisso consiste nossa originalidade.[22]

Especificadas as fragilidades e as forças possíveis do pensamento filosófico no Brasil, sobre a existência ou não de um pensamento filosófico brasileiro, Luiz Washington Vita chega à seguinte conclusão:

> Fica, portanto, provada — a demonstração é a narrativa que se segue — a existência de uma filosofia no Brasil, não como um organismo eidético, supratemporal totalmente imune à contingência histórica, mas alguma coisa que não é mais que elevação abstrativa de uma situação vital historicamente dada.[23]

Roberto Gomes em um livro denominado *Crítica da razão tupiniquim*,[24] de 1980, defende a ideia de que não praticamos um exercício do filosofar que mereça esta denominação. Ele assume a posição de que no Brasil temos "uma filosofia entre nós", porém não uma filosofia nossa, nem um pensar filosófico sobre as emergências

---

21. Idem, p. 5.
22. Idem, p. 6.
23. Loc. cit.
24. Gomes, Roberto. *Crítica da razão tupiniquim*. 4. ed. São Paulo: Cortez, 1980.

tipicamente nossas. Nosso pensamento filosófico, segundo ele, é mimético e, por isso mesmo, não é original, na medida em que incide sobre emergências de outros países e de outras épocas. Escreve ele:

> Creio que possamos admitir pacificamente a existência de filosofia no Brasil, clarificado o sentido desse termo. Há filosofia no Brasil porque ela aqui se encontra entre nós, manifestando sua presença. Talvez um corpo estranho, mas presente.[25]

A existência de livros e obras de filosofia no país, para o autor, não significa a presença do exercício do filosofar.[26] Esta é uma posição completamente diversa daquela assumida pelos intérpretes denominados não críticos.

Além disso, Roberto Gomes acrescenta que o fato de haver filosofia em um país não significa originalidade na sua construção, no sentido de se pensar as próprias emergências; a filosofia pode estar presente sem que se reflita sobre as próprias características locais ou regionais:

> Que existam autores de obras filosóficas entre nós não pode ser objeto de dúvida. Basta consultar alguns catálogos. Que tais autores sejam, em alguns casos, do melhor nível, também não pode ser contestado. Ocorre que isso não diz respeito à essência da questão aqui levantada. Na verdade, nunca se perguntou, a sério, quais as condições de uma filosofia brasileira, limitando-se a sondar, de modo vicioso, o valor de autores que aqui escrevem ou escreveram.[27]

Assim sendo, em sua visão crítica, Roberto Gomes assume a não existência de uma filosofia nossa, que tenha meditado e sido construída sobre as nossas emergências.

---

25. Idem, p. 55.
26. Idem, p. 57.
27. Loc. cit.

1.4 Uma discussão em torno da posição dos intérpretes

Como podemos verificar, temos duas posições distintas a respeito da prática do filosofar no Brasil. Autores que assumem uma posição não crítica e autores que assumem uma posição crítica. Esses últimos, divididos entre a interpretação de que imitamos o estrangeiro com originalidade e a interpretação que afirma que imitamos o pensamento alienígena sem nenhuma originalidade, trazendo uma filosofia para o nosso meio e aqui permanecendo "entre nós", mas não nossa.

Cada um desses autores, por si ou em grupo, trabalhou, em suas análises, a partir de um determinado ponto de vista. E não poderia ser de outra forma.

A nosso ver, tendemos a concordar com Geraldo Pinheiro Machado e Antonio Paim que o pensamento filosófico que temos é aquele que está expresso nas obras e nos livros, cujo conteúdo possui algum caráter filosófico. Isso é óbvio: esse é o pensamento que existe; não podemos inventar outro para proceder a uma investigação. Esse é o pensamento filosófico que se manifestou entre nós e, evidentemente, estudar a história do nosso exercício do filosofar significa trabalhar com esses pensadores e suas obras. Porém, ao admitir isso, não podemos esquecer que esse pensamento é mimético em relação ao pensamento estrangeiro e, portanto, assimilativo, como afirmam João Cruz Costa e Luiz Washington Vita e que, de fato, essa prática filosófica tem muito a ver com emergências estrangeiras, e não com nossas emergências, como diz Roberto Gomes.

A nosso ver, o grupo de intérpretes denominados não críticos tem razão em parte, porém sua visão é limitada no que se refere a uma análise crítica da nossa produção em filosofia. De fato, o resultado histórico de nossos pensadores é este que está aí. Para estudá-lo, não temos outra coisa a fazer, a não ser tomá-los em nossas mãos. Então, há que se estudar "os" autores e não "nos" autores, como diz Geraldo Pinheiro Machado. Porém, isso é pouco para um analista crítico da história das ideias. Para este, importa verificar, além do que está exposto, se o que está exposto nos livros significa filosofia, como uma forma de pensar radicalmente a realidade circundante.

O analista crítico se pergunta sobre os condicionantes desse pensamento, a que objeto ele respondeu historicamente, quais seus determinantes etc. Mais ainda: investiga a que emergências serviu e a que perspectivas estava ligado.

O nosso exercício do filosofar, como um processo mimético, manifesta um pensar sobre emergências de outros lugares e épocas; portanto, não sobre nossas típicas e próprias emergências. Certas formas de pensamento, provenientes da Europa, tais como o kantismo, o ecletismo, o comtismo etc. tiveram uma vigência entre nós devido ao fato de que respondiam a algumas emergências que se davam na nossa realidade, mas isso não quer dizer, de forma alguma, que nossos filósofos estiveram tomando em suas mãos as nossas reais e efetivas emergências, especialmente aquelas que se manifestavam e se manifestam em relação às maiorias populares periféricas, tanto no contexto do processo colonial clássico, como no contexto do colonialismo moderno.

Para um efetivo exercício do filosofar em nosso país, necessitamos tomar em nossas mãos as contingências de nossa história, assim como as contingências do momento em que estamos vivendo. Portanto, o filosofar não será o exercício de pensar o que outros autores estão pensando sobre as emergências onde vivem. Eles produziram ou produzem um pensamento original na medida em que pensaram ou pensam sobre emergências, anseios e necessidades próprias. Para sermos originais, não basta transpor pensamentos alienígenas para nosso meio. Importa, sim, que pensemos nossas emergências. Importa que inventariemos nossa efetiva situação e reflitamos sobre os seus fundamentos e significados. Então, estaremos tentando exercitar o nosso processo do filosofar. Isso não implica recusar a contribuição estrangeira, mas saber utilizá-la como instrumento auxiliar no processo de pensar o próprio mundo. Há que *assimilar* o pensamento estrangeiro, mas não *copiá-lo*.

Consideramos que, tanto para estudarmos o nosso exercício histórico do filosofar, como para realizarmos nosso próprio exercício do filosofar, necessitamos nos utilizar de uma visão de totalidade, que nos obrigue a ver o todo como todo, e não suas partes como se elas fossem o todo. Necessitamos buscar sempre as "múltiplas determinações" da realidade, se desejamos compreendê-la e interpretá-la.

Importa ultrapassarmos uma filosofia "entre nós" para chegarmos a uma filosofia nossa. Com isso, estamos querendo dizer que não temos que abandonar a contribuição de pensadores estrangeiros. Temos, sim, de assimilá-los na medida em que nos auxiliem na construção de uma filosofia que nos possibilite a compreensão e a direção de nossas vidas.

2. Síntese do exercício histórico do filosofar no Brasil

Os autores[28] de estudos do pensamento filosófico no Brasil são mais ou menos unânimes em afirmar que praticamente só no século passado viemos a ter as primeiras produções em filosofia no país. Mont'Alverne (1784-1858) é considerado como o primeiro autor de obra de caráter filosófico nesse período. Até esse momento, vivíamos com os textos e os manuais europeus. Todavia, importa lembrar que essa produção, no início do século XIX, não era significativa ainda.

No século XVI, padre Vieira e, no século XVII, Matias Aires são, no dizer de diversos historiadores do pensamento filosófico no Brasil, os únicos intelectuais do período colonial cuja produção possuía características filosóficas. Todavia, segundo Hélio Jaguaribe, em *Filosofia no Brasil*, eles não podem ser incluídos em um rol de filósofos.[29]

---

28. Para estudo do pensamento filosófico no Brasil, vale a pena o leitor reportar-se às obras aqui indicadas.

29. Cf. Jaguaribe, Hélio. *Filosofia no Brasil*. Rio de Janeiro: Iseb, 1957. p. 24.

A história do pensamento filosófico no Brasil, no período colonial, está comprometida com a filosofia europeia, especialmente na versão portuguesa da escolástica decadente.

Portugal, no século XVI, não vivia ainda o processo de renovação cultural que se dava na Europa como um todo, em especial na Inglaterra, França, Itália e Alemanha. Portugal permanecia vinculado à cultura medieval, especialmente no que se referia à filosofia. Já havia se lançado aos riscos da ciência e das viagens marítimas, porém permanecia arraigado aos velhos ditames medievais no que se referia ao pensamento filosófico. Foi esse clima de medievalismo decadente que chegou ao Brasil com a vinda dos portugueses para este país. Os padres jesuítas que vieram acompanhando o primeiro governador-geral — Tomé de Souza — e que aqui instalaram uma prática educativa específica, tiveram um papel fundamental na transplantação desse pensamento para o nosso meio.

Como sabemos, a Ordem Jesuítica foi fundada no contexto da Contra-Reforma e a ela dedicou o seu entusiasmo. A Contrarreforma assumia uma posição de censura e coibição do avanço de qualquer tipo de pensamento que viesse a contestar os dogmas da Igreja Católica. Luiz Washington Vita diz que a filosofia ensinada pelos jesuítas, no período colonial, era consequência do tomismo reconquistado pelos autores da Universidade de Coimbra, centro do pensamento filosófico e religioso de Portugal dos séculos XVI e XVII.

No período colonial, recebemos, pela transplantação cultural, o pensamento filosófico que era vigente em Portugal sob a vigilância da Igreja Católica. Não podemos nos esquecer de que as conquistas oceânicas de Portugal sempre foram abençoadas pelas mãos dos religiosos da Igreja Católica.

O século XIX é marcado, no pensamento filosófico, pela presença de correntes que se faziam vigentes na Europa, especialmente na França. Nesse século, passamos a ter influências das ideias francesas como, de resto, Portugal, nossa ex-metrópole, que também passou a conhecer a força dessas mesmas ideias.

O século passado, no Brasil, recebeu influência forte do ecletismo francês praticamente durante a sua primeira metade. Aí se fazem presentes as influências de Victor Cousin, através de frei Mont'Alverne; de Destut de Tracy e Cabanais, através de Ferreira França; dos italianos Rosmini e Giobertti, através de Gonçalves Magalhães. Os autores nacionais atuaram mais como divulgadores de ideias europeias que propriamente como pensadores de nossas emergências.

Sobre esse período e sobre esses autores, Hélio Jaguaribe assim escreve:

> Não somente não atuaram como simples divulgadores de ideias europeias como, ademais, carecem dos requisitos mínimos necessários à atividade filosófica. Não chegam a conhecer, suficientemente, as doutrinas de que se abeberam e, além de mal compreendê-las, não têm a menor noção da história da filosofia e da forma pela qual os problemas filosóficos foram equacionados ou elaborados no curso do tempo.[30]

O positivismo, doutrina formulada por Augusto Comte, especialmente na primeira metade do século passado na França, pontificou a transplantação filosófica para o Brasil na segunda metade desse século. Essa corrente de pensamento teve muita influência sobre o processo político brasileiro, de modo bastante direto e presente sobre o movimento da Proclamação da República. A bandeira brasileira, concebida no bojo do movimento republicano, traz uma expressão típica do positivismo: "Ordem e Progresso". O *slogan* "Ordem e Progresso" lembra que é preciso conhecer cientificamente o mundo da sociedade para controlá-la, criando a ordem, e esta garantindo a geração do progresso.

O positivismo no Brasil não conseguiu gerar pensadores significativos. Luiz Pereira Barreto (1840-1923) é considerado o mais importante deles; outros estão mais ligados à polêmica religiosa e edificante como Miguel Lemos (1854-1916) e Teixeira Mendes (1855-1927); outros

---

30. Idem, p. 30.

ainda estão voltados para a política, como Benjamin Constant (1837-1891) e Quintino Bocaiúva (1836-1912).

Nesse mesmo período, desenvolve-se a denominada Escola de Recife, onde pontifica, na primeira fase Tobias Barreto (1839-1889), com continuação em Sílvio Romero (1851-1914). Por meio de Tobias Barreto, chega ao Brasil uma vertente de influência do pensamento alemão positivista: o monismo evolucionista.

O final do século passado é assinalado, em termos de pensamento filosófico, pela obra de Farias Brito (1862-1917), que é a manifestação de uma luta contra o espírito positivista reinante; procurava uma recuperação do espírito como realidade distinta da matéria. Esse era o mesmo clima que reinava na Europa nesse movimento. No final do século XIX e início do século XX, a Europa conhece uma reação geral ao modo positivista de ver e ordenar o mundo da sociedade e da vida. Aí estão Franz Brentano, Edmund Husserl, Karl Jaspers, o existencialismo nas suas diversas perspectivas, o culturalismo de Dilthey, de Windelband, de Rickert, de Max Scheler, expressando essa reação. Permanece, todavia, o positivismo sob uma nova aparência, o neo-positivismo, formulado de modo especial pelos membros do chamado Círculo de Viena.

No Brasil, após a reação de Farias Brito, segue-se a reação de Jackson de Figueiredo (1891-1928), com sua escola católica, organizada em torno do Centro Dom Vital, no Rio de Janeiro, cujo veículo de comunicação era a revista *A ordem*. Jackson de Figueiredo conduziu a sua reação católica ao pensamento emergido no século XIX por uma forma de irracionalismo e voluntarismo desmedidos. Alceu de Amoroso Lima, com a morte de Jackson de Figueiredo, lidera a segunda fase da escola católica. Tomando por base o tomismo, por meio de Jacques Maritain, dá uma nova linha a essa escola. Traz para o seio do pensamento filosófico brasileiro a base que a teologia cristã nacional necessitava. Essa versão católica neotomista teve muitos adeptos; entre eles estava o padre Leonel Franca, padre Penido, Alexandre Correia, Van Acker e Barreto Filho.

Ao lado do neotomismo, o pensamento filosófico brasileiro contemporâneo conhece outras influências. Figura nesse período o florescimento de um humanismo articulado com o existencialismo e culturalismo. O culturalismo tem em Miguel Reale uma expressão significativa; o existencialismo possui uma expressão forte em Vicente Ferreira da Silva, que se propõe a elaborar uma nova compreensão do ser humano a partir de Heidegger. Roland Corbisier, utilizando-se dos fundamentos do existencialista Gabriel Marcel e do raciovitalismo de Ortega y Gasset, elabora uma análise da cultura brasileira, tentando demonstrar seu sentido, seu significado e sua necessidade.

Euryalo Canabrava, em oposição a esse culturalismo em desenvolvimento, assume uma posição neopositivista, assim como Leônidas Hegenberg e Djacir Menezes. Caio Prado Júnior lidera um esforço de reelaboração e divulgação de uma perspectiva marxista de pensar no Brasil.

Em síntese, no Brasil do século XX, o pensamento filosófico tem fortes influências do neotomismo, do culturalismo, do neopositivismo do marxismo. Mais recentemente, as produções no âmbito da filosofia têm crescido em quantidade e em qualidade. Vivenciamos no presente uma intensa produção de obras de cunho filosófico, pelas versões mais variadas, que vão desde a produção de múltiplos estudos sobre pensadores europeus do passado e do presente, assim como tentativas de elaboração de obra com cunho filosófico original, tendo por base nossas emergências. Todavia, vale ressaltar que ainda estamos iniciando o nosso efetivo exercício brasileiro do filosofar.

Disso decorre uma tarefa significativa para, individual e coletivamente dedicarmo-nos a um esforço permanente e significativo de produzir um pensamento filosófico nascido de nossas efetivas necessidades e emergências.

3. A nossa tarefa do filosofar

A humanidade vem, ao longo do tempo, exercitando-se na busca e formulação crítica de sentido para a existência do ser humano em cada uma das épocas e lugares. No Brasil, temos tido uma larga experiência de mimetismo, produzindo obras de caráter filosófico a partir de obras filosóficas europeias, principalmente. Isso não significa propriamente, um filosofar, mas sim um estudar a filosofia elaborada em outras condições e situações. Esse processo não deixa de ter sua originalidade, pois que se afirma que "quem conta um conto, aumenta um ponto"; porém, não significa um filosofar propriamente dito, que implicaria uma análise crítica dos valores e significados da vida na época e na sociedade em que vivemos e no encaminhamento de novos sentidos e significados para a vida humana. Como diz o padre Vaz, a filosofia é como um tribunal de razão sob o qual passam e se julgam todos os valores que dão significado à vida humana em uma determinada sociedade e em um determinado momento da história.

Cabe a nós, neste momento e no contexto em que vivemos, tomar o mundo que nos circunda, buscando encontrar-lhe o sentido e significado, de tal forma que construamos uma direção para a nossa vida e ação. Cabe a nós tomar as diversas perspectivas da vida humana e sua *práxis*, para refletirmos sobre elas, construindo a sua compreensão e o seu significado, produzindo um pensamento crítico propriamente nosso, porque articulado com necessidades que se dão em nosso espaço. Isso possibilitará a universalização da compreensão filosófica que consigamos produzir. Temos que filosofar sobre nossas emergências específicas para que possamos ultrapassar os limites do nosso próprio espaço, desvendando o universal que há nele.

A tarefa e o convite estão postos para todos nós. Recursos metodológicos e cultura filosófica elaborada estão aí disponíveis para que os utilizemos, de forma inteligente, na perspectiva de encontrar soluções filosóficas significativas para a nossa existência individual e coletiva. Importa estudar e refletir; mas, mais que estudar, *refletir*.

Bibliografia geral

ADORNO, Theodor W.; HORKHEIMER, Max. *Dialética do esclarecimento*: fragmentos filosóficos. Rio de Janeiro: Zahar, 1985.

ALVES, Rubem. *Filosofia da ciência*: introdução ao jogo e suas regras. São Paulo: Brasiliense, 1981.

BASBAUM, Leôncio. *Sociologia do materialismo*. São Paulo: Símbolo, 1978.

BREHIER, Emile. *História da filosofia*. São Paulo: Mestre Jou, 1977. 7 v.

BUZZI, Arcângelo. *Introdução ao pensar*. Petropólis, 1973.

CENTRE FOR CONTEMPORARY CULTURAL STUDIES OF UNIVERSITY BERMINGHAN (Org.). *Da ideologia*. Rio de Janeiro: Zahar, 1980.

CHATELET, François. *História da filosofia*: ideias, doutrinas. Rio de Janeiro: Zahar, 1973. 8 v.

CORBISIER, Roland. *Filosofia e crítica radical*. São Paulo: Duas Cidades, 1976.

_____. *Introdução à filosofia*. Rio de Janeiro: Civilização Brasileira, t. I (1983); t. II [Parte Primeira] (1983); t. II [Parte Segunda] (1988).

CRIPPA, Adolfo. *As ideias filosóficas no Brasil*. São Paulo: Convívio, 1978. 3 v.

CRUZ COSTA, João. *Contribuição à história das ideias no Brasil*. 2. ed. Rio de Janeiro: Civilização Brasileira, 1967.

DEUS, Jorge Dias (Org.). *A crítica da ciência*. Rio de Janeiro: Zahar, 1974.

GOMES, Roberto. *Crítica da Razão Tupiniquim*. São Paulo: Cortez, 1980.

GOULIANE, C. I. *A problemática do homem*. Rio de Janeiro: Paz e Terra, 1969.

GRAMSCI, Antonio. *Concepção dialética da história*. Rio de Janeiro: Civilização Brasileira, 1978.

HEGEMBERG, Leônidas. *Explicações científicas*: introdução à filosofia da ciência. 2. ed. São Paulo: EPU, 1973.

HEMPEL, Carl G. *Filosofia da ciência natural*. Rio de Janeiro: Zahar, 1974.

HUBERMAN, Leo. *História da riqueza do homem*. Rio de Janeiro: Zahar, 1981.

JAPIASSU, Hilton. *O mito da neutralidade científica*. Rio de Janeiro: Imago, 1975.

_____. *Questões epistemológicas*. Rio de Janeiro: Imago, 1981.

KOSIK, Karel. *Dialética do concreto*. Rio de Janeiro: Paz e Terra, 1976.

KUHN, Thomas S. *A estrutura das revoluções científicas*. São Paulo: Perspectiva, 1975.

LOPES, José Leite. *Ciência e libertação*. 2. ed. Rio de Janeiro: Paz e Terra, 1978.

LUCKESI, Cipriano C. *Filosofia da educação*. São Paulo: Cortez, 1990.

_____ et al. *Fazer universidade*: uma proposta metodológica. São Paulo: Cortez, 1984.

MACHADO, Geraldo Pinheiro. *Filosofia no Brasil*. 3. ed. São Paulo: Cortez e Moraes, 1976.

MARX, Karl. *O capital*. Rio de Janeiro: Civilização Brasileira, 1970. livro I, v. I e II.

_____. *Contribuição à crítica da economia política*. São Paulo: Martins Fontes, 1977.

MARX, Karl. *O dezoito brumário de Luís Bonaparte*. Rio de Janeiro: Paz e Terra, 1974.

MORENTE, Manuel Garcia. *Fundamentos de filosofia*. São Paulo: Mestre Jou, 1976.

MORGENBESSER, Sidney (Org.). *Filosofia da ciência*. São Paulo: Cultrix/Edusp, s.d.

PAIM, Antonio. *História das ideias filosóficas no Brasil*. São Paulo: Grijalbo, 1967.

_____. *História das ideias filosóficas no Brasil*. 3. ed. São Paulo: Convívio, 1984.

PLEKÂNOV, G. *Concepção materialista da história*. Rio de Janeiro: Paz e Terra, 1977.

POLITZER, Georges. *Princípios fundamentais de filosofia*. São Paulo: Hemus, 1979.

ROMERO, Silvio. Filosofia no Brasil: ensaio crítico. In: *Obra filosófica*. Rio de Janeiro: José Olympio, 1969.

RUDNER, Richard S. *Filosofia da ciência social*. Rio de Janeiro: Zahar, 1976.

SCIACCA, Michele Frederico. *História da filosofia*. São Paulo: Mestre Jou, 1962, 3 v.

SCHAFF, Adam. *História e verdade*. São Paulo: Martins Fontes, 1987.

VÁSQUEZ, Adolfo Sánchez. *Filosofia da práxis*. 2. ed. Rio de Janeiro: Paz e Terra, 1977.

VITA, Luís Washington. *Panorama da filosofia no Brasil*. Porto Alegre: Globo, 1969.

LEIA TAMBÉM

▶ FILOSOFIA DA EDUCAÇÃO

CIPRIANO CARLOS LUCKESI

3ª edição (2011)

224 páginas

ISBN 978-85-249-1622-9

   Este livro destina-se a educadores e educandos em preparação para a docência, assim como a outros interessados em aprender a pensar filosoficamente sobre educação. Aborda a Filosofia da Educação como uma metodologia para pensar e orientar o cotidiano escolar.

LEIA TAMBÉM

▶ **ENSINO DE FILOSOFIA NO ENSINO MÉDIO**
Coleção Docência em Formação – Ensino Médio

EVANDRO GHEDIN

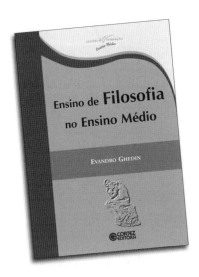

2ª edição (2009)

256 páginas

ISBN 978-85-249-1326-6

A Filosofia no ensino médio precisa conquistar seu espaço no tanto campo político-institucional como no plano de sua efetivação no currículo. Este livro contribuirá na elaboração de uma proposta de metodologia para o ensino.

LEIA TAMBÉM

▶ FILOSOFIA... PARA NÃO FILÓSOFOS

NEIDSON RODRIGUES

4ª edição (2011)

112 páginas

ISBN 978-85-249-1737-0

O autor apresenta, em tom de conversa, temas tratados na história da Filosofia e ressaltados em nosso cotidiano. Trata-se de uma tentativa de explicitar o que é frequentemente penoso e obscuro no seu modo de produzir e revelar: o mundo muito humano da cultura.